U0804666

幼儿园课程故事研究丛书

主　编

张　斌　虞永平

编写人员

沈佳雯　吴君妍　须　琼　杨鲁云　马黎霞
龚　皓　刘　乐　刘　燕　丁子航　李江美
黄　艳　周亚仙　钱丽婷　陈晓兰　张唯霞
龚　静　杨　雪　李　雪　杨　静　任海松
张岩辰　韩　思

冻不住的好奇心

主编　张　斌　虞永平

南京师范大学出版社
NANJING NORMAL UNIVERSITY PRESS

图书在版编目(CIP)数据

冻不住的好奇心 / 张斌,虞永平主编. -- 南京 :
南京师范大学出版社,2018.11 (2022.8 重印)
(幼儿园课程故事研究丛书)
ISBN 978-7-5651-3914-7

Ⅰ. ①冻… Ⅱ. ①张… ②虞… Ⅲ. ①学前教育-课
程设计 Ⅳ. ①G612

中国版本图书馆 CIP 数据核字(2018)第 259199 号

书　　名　冻不住的好奇心
丛 书 名　幼儿园课程故事研究丛书
主　　编　张　斌　虞永平
策划编辑　张　莉　官军燕
责任编辑　官军燕
出版发行　南京师范大学出版社
地　　址　江苏省南京市玄武区后宰门西村 9 号(邮编:210016)
电　　话　(025)83598919(总编办)　83598412(营销部)　83598312(邮购部)
网　　址　http://press.njnu.edu.cn
电子信箱　nspzbb@njnu.edu.cn
印　　刷　扬州市文丰印刷制品有限公司
开　　本　787 毫米×1000 毫米　1/16
印　　张　14.75
字　　数　198 千
版　　次　2018 年 11 月第 1 版　　2022年 8月第 6 次印刷
书　　号　ISBN 978-7-5651-3914-7
定　　价　48.00 元

出 版 人　张志刚

序

幼儿园课程故事本质上是一种教育实践叙事，就是讲述那些以小见大、发人深省、关乎幼儿园课程建设与发展的故事。它是幼儿教师对课程实践过程中真实事件的叙述，其目的在于通过故事去体悟并阐述教育工作所蕴含的规律、原理，促进叙述主体和听众（读者）对教育现象——特别是课程问题——的深度理解与思考；是一种将客观事实呈现、主观感受体验和理性观点阐释融为一体的教育经验发现过程。

课程故事是一种回顾。其内容都来自幼儿园课程实践的点滴，教师在讲述故事的时候便是在回忆和梳理自己的课程经历，积累经验。这些内容作为对真实教育情境的再现，本身就是一笔财富。正如苏霍姆林斯基曾经说过的："我建议每一位教师都来写教育日记。教育日记并不是什么对它提出某些格式要求的官方文献，而是一种个人的随笔记录，在日常工作中就可以记。这些记录是思考和创造的源泉。那种连续记了10年、20年甚至30年的教师日记，是一笔巨大的财富。每一位勤于思考的教师，都有他自己的体系、自己的教育学修养。"虽然课程故事并不等同于教育日记，但教育日记的确是课程故事的重要基础。

课程故事是一种反思。随着教育工作的复年复日，幼儿教师的专业敏感往往会在例行公事般的幼儿园生活中被钝化，而实践叙事就是要我们去重新审视那些在幼儿园场域内看似司空见惯的细节，重新发现其中的教育意蕴，重新感受在表面平淡的教育生活背后那些不平凡的意义，从而把作为叙事者的教师自身的思维触角引向自我教育生活的深层。

课程故事是一种研究。教师从事教育研究的目的在于改善自己的教育品质，提升教育能力，更新教育观念，这就需要教师开展的研究务实、有用。而现实中却存在教师对某些观点心存疑虑却仍然"引经据典写论文"的"研究"，这显然违背了教师进行教育研究的初衷。对教师而言，讲述故事可以帮助他们积累大量的工作现场素材,反思故事能够让他们对幼儿园实践经验进行重构或重组,这个过程往往会引导叙事者或发现问题,或寻找原因,或生成对策,或形成工作思路,或得出教育规律——获得解决某些问题的更上位的经验,这才是幼儿园教师要做的研究。

课程故事是一种分享。由于课程故事的内容来源于真实情境,其所展示的现象、反映的问题往往与广大一线教师的经历如出一辙,很容易引起共鸣、激发交流。一方面,教师在叙述故事、描述问题、阐述观点的过程中要将自己的所遇、所感、所想表达出来,与志同道合的人士进行专业经验分享;另一方面,听众(读者)们可能还会就某些问题进行持续的讨论,形成共享多种观点的局面。这里,课程故事为大家分享、交流专业观点搭建了平台,提供了思路。

课程故事还是一种成长。它将教师的工作、学习和研究有机融为一体,使教师在实践思维和理论思维之间不断转换,获得更有利于其专业发展的思维模式训练,同时,还有利于增进教师对自身课程实践内涵的理解,树立正确的教育信念,建立远大的教育理想。毫不夸张地说,课程故事能够让任何一位教师实现扎实的专业成长,实现在原有水平上的进步。

南京师范大学出版社策划并出版"幼儿园课程故事研究丛书",既是对我国幼儿园课程实践现状的总结与展示,更是对生发于幼儿园课程场域的现象、经验、观点和理论的发掘和整理。其以故事的形式叙述幼儿园课程建设过程中的立场、经验、反思以及幼儿和教师的成功、喜悦、收获、苦恼、失落、决心和意志,真实地反映教育改革的背景下我国幼儿园教育发展的真实画面,让幼儿园园长和教师在轻松的阅读中有所收益。

我们希望该套丛书的价值不止停留在"讲故事"的层面,更能够激起各位读者进行专业思考的意愿和行动。套用一句老话,便是期待抛此"砖"能引来彼之"玉",能为我国幼儿园教师专业成长与幼儿教育事业品质的提升有所贡献!

张　斌　虞永平

2018年秋

目　录

蜜蜂嗡嗡叫

苏州市吴中区胥口中心小学附属幼儿园　沈佳雯　吴君妍

持续时间:2017年3月至2017年4月

年龄段:小班

蜜蜂来了

帕克·帕尔默说:“教学就是无止境的相遇。”美好的教育活动应该是教师与幼儿精神的美好相遇。教师用自己的智慧和魅力让活动情智共生、充满趣味,使师生关系更加融洽。这样的教育活动有温度、有趣味、有情感。

春天万物复苏,是花儿开放的季节,是蝴蝶飞舞的季节,也是蜜蜂辛勤工作的季节。“春天天气真好,花儿都开了,杨柳树枝对着我们弯弯腰;蝴蝶姑娘飞来了,蜜蜂嗡嗡叫,小白兔儿一跳一跳又一跳。”在去百耕园的路上孩子们唱着新学的歌曲,好不应景。百耕园里油菜花、萝卜花、荠菜花等许多花儿都开放了,就连蜜蜂都被花儿的香味吸引过来了。看着蜜蜂在百耕园里飞来飞去,孩子们所有的注意力都被蜜蜂吸引住了。

“生活即课程”,我们贯彻课程游戏化的精神,从幼儿的兴趣出发,尊重班级幼儿的年龄特点,积极查阅资料,生成了与蜜蜂相关的活动,幼儿在活动中丰富了有关蜜蜂的经验。

蜜蜂会蜇人吗

春天到了,百耕园里百花齐放,引来了蝴蝶和蜜蜂,也吸引了孩子们的注意力,他们看到金灿灿的油菜花开心得嘴都合不上了。“快看!有蜜蜂!”

孩子们惊喜地尖叫着，好几个孩子激动得准备用手去抓蜜蜂了。胆小的悦悦看见蜜蜂飞来了拔腿就跑，边跑边大声喊着：“啊，有蜜蜂！会蜇人的！”其他孩子一听，也纷纷躲得远远的，有的赶紧把帽子戴上，有的边跑边喊：“妈妈说蜜蜂会蜇人，很痛的！”

图1 戴上帽子躲蜜蜂

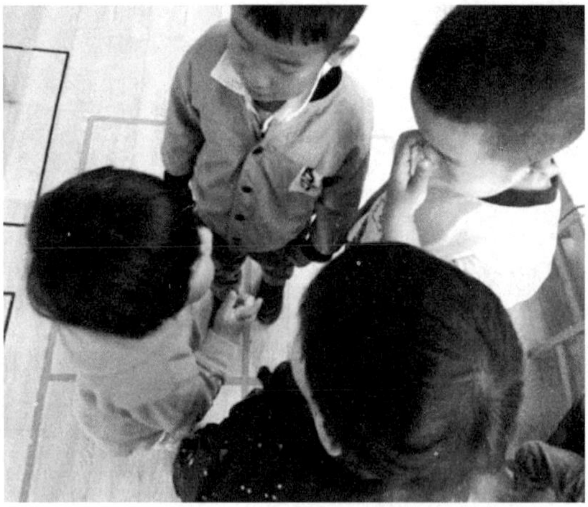

图2 回到班级继续讨论

其实孩子们是喜欢蜜蜂的，但是悦悦之前请了差不多两周的假，这是她第一次在百耕园里看到蜜蜂，所以她害怕地大喊，而小班幼儿的模仿能力强，听到悦悦大声地喊叫也跟着悦悦一起喊，就连平时不怕蜜蜂的孩子也喊了起来。回到班级，孩子们还在热烈地讨论着：蜜蜂会蜇人吗？被蜜蜂蜇到该怎么办呢？于是我们便针对幼儿感兴趣的问题开展了相关的谈话活动。

1. 当蜜蜂靠近时，该怎么保护自己

讨论一开始，孩子们就结合自己的经验对“蜜蜂靠近时怎么办？”这个话题发表了自己的看法。

钰钰说：“不要接近蜜蜂。”悦悦说：“蜜蜂来了就跑远点！”淼淼说：“叫爸爸妈妈把蜜蜂抓起来！”可以看出，孩子们的想法都是“要离得远远的”。看到孩子们这么畏惧蜜蜂，我们找来与蜜蜂相关的图片和视频，和幼儿一起观看、讨论。

当孩子们初步了解蜜蜂后，他们的想法开始慢慢转变。思思说："喔，那我下次看到蜜蜂就不用逃了，我在旁边安静地看看它，对吗？"辰辰说："嗯！小蜜蜂是我们的好朋友！"

孩子们从看见蜜蜂害怕得想要躲开到后来知道站在一边就可以，这是因为他们了解到蜜蜂并不是可怕的生物。他们获得了有关蜜蜂的新经验：蜜蜂是益虫，能帮助植物传播花粉，酿造蜂蜜；而蜜蜂屁股上的刺是为了保护自己，只要不去追赶蜜蜂，它就不会伤害我们。

2. 如果被蜜蜂蜇到了，怎么办

幼儿结合自己平时的生活经验开始了讨论，一个个说得头头是道。

墨墨说："要去医院。妈妈说过医生可以帮我们处理伤口。"悦悦说："我们要告诉爸爸妈妈和老师，他们会帮我们的。"其他孩子也纷纷表达自己的观点，有的说"要消毒"，有的说"要包扎"……

于是，我们开展了一场"如果被蜜蜂蜇到了，怎么办"的大讨论活动。许多幼儿回家还和家长说起了这件事，部分家长送幼儿入园时还分享了他们在家通过上网查阅资料获得的"如果被蜜蜂蜇到了，怎么办"的新信息。

捕捉蜜蜂喽

天气越来越暖和了，百耕园的蜜蜂也越来越多了。午后散步至百耕园时，孩子们激动地大叫着："好多小蜜蜂呀！"欢欢激动地说："我们去捕捉蜜蜂吧！""旁边的阳光房里有能够帮助你们捉到蜜蜂的工具哦！"孩子们听到后从阳光房里找出许多工具，开始了"捕蜂大作战"。他们有的用瓶子，有的用口袋，还有的用网兜……捕捉的时候嘴里还不停地在嘟囔着，哲哲说："别跑呀，

图3 用网兜捕捉蜜蜂

蜜蜂!”毛毛说:“快进我的瓶子里!”几次下来都没有捉到的淼淼沮丧地说:“哎哟,怎么又飞走了! ”

孩子们喜欢大自然,喜欢百耕园里飞舞的蜜蜂。孩子们都有和家长郊游的经历,爸爸们也教授了他们一些抓昆虫的经验,所以这次抓蜜蜂时,他们使用了各种各样的工具,抓捕行动进行得比较顺利。

经过十几分钟的“奋战”,男孩子们终于捕获了一只蜜蜂,把它放入瓶子里带回教室和其他小朋友一起观察。

图4 抓获一只蜜蜂,放在瓶子里

看着孩子们对蜜蜂这么感兴趣,我们便查找了一张蜜蜂的解析图,和孩子们一起进一步了解蜜蜂身体的各个部位,他们观察起蜜蜂可认真了,特别是梓诺和可馨,他俩平时就对自然角的小乌龟很感兴趣,每次观察小乌龟记录下的细节都栩栩如生,这次他俩也十分认真地观察着蜜蜂。瞧!梓诺看看瓶子里的蜜蜂,再看看电视上的图片,边指边说着:“小蜜蜂的头在这儿,头上有一对触角,两只大眼睛,一张尖尖的嘴巴,和图片上一样诶! ”“你看,它的身上还有两个黄黄的、透明的翅膀”,可馨也开心地和朋友们分享着她的发现……

观察了解过蜜蜂的身体构造后,孩子们决定将这只可爱的小蜜蜂送回百耕园,并谢谢它带来了这么多有趣的秘密。孩子们对蜜蜂如此感兴趣,我们就继续从他们的兴趣出发,通过阅读区的科普绘本,和爸爸妈妈一起查阅资料,在科学区观察图片,邀请有相关专业知识背景的家长来园进行助教活动等途径帮助幼儿继续了解、丰富有关蜜蜂的知识和经验。

蜜蜂在干什么

百耕园里的花越开越多,蜜蜂们飞来飞去忙着采蜜,孩子们跑来跑去忙着找蜜蜂。蜜蜂一会儿停在黄黄的白菜花上，一会儿停在白白的荠菜花上，过了一会儿又停在粉白相间的萝卜花上……距离上次发现并抓到蜜蜂已过去两天，孩子们再次发现蜜蜂时，都把注意力放在了蜜蜂采蜜上。

细心的心心一下子就发现了蜜蜂在白菜花上采蜜，心心指着一朵白菜花轻轻地说："看，上面有只小蜜蜂在采蜜。"恬恬听到了说："我也看见了，我也看见了。"涛涛听到了凑了过来："蜂蜜很好吃的，很甜的。"皓皓听到了立马回应："对呀对呀，甜甜的可好吃了。"看样子爱吃的他俩对蜂蜜的印象很深呢！

看见思思在闻花，心心便好奇地问："你在干什么呀？"思思一脸神秘地说："我知道了，小菜花香香的，所以小蜜蜂喜欢采花蜜，所以蜂蜜是甜甜的。"思思对蜂蜜为什么这么甜进行了大胆的猜测、联想。

思思说完没一会儿，馋嘴的迪迪已经把一朵小花放进了嘴里，皱着小脸说："思思，你骗我，一点也不甜。"当迪迪听到"蜂蜜是甜甜的"时候，便开心地直接尝了起来，他并不知道小菜花其实是没有甜味的，对此他还没有经验，但是他愿意用嘴巴去尝试、探索，证实自己的猜测和想法，这样的行为是值得表扬的。

"那为什么蜂蜜是甜的呀？"一旁的一一提出了疑惑。带着困惑，孩子们回到教室，我们一起查找科普绘本，并在网上搜索了一些有关蜜蜂采蜜酿蜜的视频。结合书本上的科普知识以及生动的视频画面，孩子们知道了，原来蜜蜂是靠口器——舌头吸出花蜜，一边采蜜一边用脚采集花粉，然后将吸到的花蜜放至蜂巢中，经过一段时间倒出蜂浆，再经过加工后才变成甜甜的蜂蜜。同时，孩子们还了解到花蜜中含有多种活性物质，在酿蜜的过程中逐步形成独特的保健物质，所以人们才会常说蜂蜜是有营养的食品。

蜂蜜好吃吗

第二天，晨晨带来了好几瓶蜂蜜，他自豪地说："这是西山的蜂蜜，爸爸说是天然的，很好吃的。"孩子们都激动地围到了晨晨身旁。前一天了解了蜂蜜的形成，今天见到了蜂蜜，孩子们都兴奋地观察着蜂蜜。

子玥、子昊是一对龙凤胎，妈妈说他俩从小就是分工状态，如果姐姐关注了颜色，弟弟就会关注形状，然后两人会一起分享，记住物体的很多特征。这次也不例外，姐弟俩分别关注了颜色和味道。子玥说："老师，蜂蜜黄黄的、长长的。"子昊说："我来闻一闻，嗯，香香的，有花的味道。"涛涛说："妈妈给我喝过蜂蜜水，好甜的。"逸逸听了马上说："我想喝我想喝！"

那怎么做蜂蜜水呢？有的孩子说："倒一点温水，然后放蜂蜜，搅一搅。"有的孩子说："先放蜂蜜再放水。"……子玥舀了勺蜂蜜说："呀！蜂蜜连在一起的。"逸逸将蜂蜜放进杯子里，搅一搅，说："看，蜂蜜不见了。"孩子们对蜂蜜进行了仔细的观察，在调蜂蜜水的过程中运用了多种感官去感受、发现其最显著的特征：蜂蜜是黏黏的，遇水搅拌后会溶于水。

他们在品尝的时候还聊起了自己知道的蜂蜜产品，彦彦说："我吃过蜂蜜味的薯片。"亦亦说："我吃过蜂蜜味的蛋糕，好好吃的。"涵涵说："我妈妈用的面膜就是蜂蜜味的。"……孩子们聊得很开心。

图5　品尝蜂蜜

最后，我们提醒孩子们虽然蜂蜜很好吃，但是不能贪吃，而且吃完还要记得漱口，不然会烂牙齿。

蜜蜂喜欢什么花

百耕园许多植物都开花了，孩子们在抓蜜蜂之余认识了许多不同的花，如此多的新鲜事物使孩子们每次到百耕园时都兴趣满满。一天散步至百耕园时，小默指着油菜花上一只辛勤劳动的蜜蜂，说："老师，有蜜蜂！"孩子们听到都凑了过去，蓉蓉说："蜜蜂在采蜜。"小默突然跑过来问："老师，蜜蜂喜欢什么花呀？"

图6　在豌豆花处找蜜蜂

小默无意中提出的问题激发了孩子们的探究欲望。为了找到答案，孩子们蹲守在百耕园，他们有的单独，有的三五成群，在百耕园各个地方寻找、猜测蜜蜂喜欢什么花。正是因为他们喜欢蜜蜂，喜欢大自然，才愿意蹲守在百耕园的各处，寻找着问题的答案。

图7　在蚕豆花处找蜜蜂

豌豆花那处几个孩子嘀咕着："这里没有蜜蜂啊。""我们去那里看看吧。"……蚕豆花处的辰辰指着蚕豆花说："蚕豆花是紫紫的。"辰辰和乐乐是一对好朋友，平时经常一起玩，这次也是一起找蜜蜂，辰辰发现蚕豆花是紫色时，就拉着乐乐的手告诉乐乐他的发现。可是过了一会儿他没有发现蜜蜂便走开了，又去别的地方寻找蜜蜂，因为他知道蹲守在百耕园的原因是要寻找蜜蜂喜欢的花，他的目标是很明确的。

来回走了一圈的辰辰没有发现蜜蜂，他又跑到人最多的油菜花处。墨墨说："你看，我这里有蜜蜂！"欣欣说："这里也有。"墨墨说："你别动，它在采蜜呢！"墨墨和欣欣发现了蜜蜂第一时间和小伙伴分享，她俩十分兴奋，墨墨还提醒欣欣别动，防止蜜蜂被吓

图8　在油菜花处找蜜蜂

到后飞走。墨墨可是和妈妈一起查阅了许多蜜蜂知识的“小博士”呢！最近墨墨经常和小朋友分享她所知道的蜜蜂知识。

与此同时，萝卜花处也跑来几个孩子分享着他们的发现，当孩子们和同伴分享自己的发现时，他们是欢呼雀跃的！幼儿在看一看、闻一闻、摸一摸的过程中，观察能力得到了提升，同时也发现了蜜蜂的秘密：比起荠菜花和其他的花，蜜蜂更喜欢油菜花和萝卜花，所以蜜蜂在这两处停留的次数更多。

教室里也有蜜蜂了

孩子们总是在百耕园看到小蜜蜂，可是教室里却没有……

萍萍皱着眉头提出疑惑：“为什么我们教室里没有小蜜蜂呢?”宇宇一脸认真地说：“因为百耕园里有花呀，小蜜蜂喜欢花，我们教室里没有花……”宇宇说到后来声音越来越轻。宇宇的“提点”让祺祺一下子想到了好办法：“那我们做些花、做些小蜜蜂。”其他孩子听到后纷纷响应了祺祺的提议。

于是，孩子们在美工区找来了画纸、纸筒、卡纸、双面胶……还有的孩子找来了布团、颜料等材料，根据自己之前的观察，开始制作花、蜜蜂。

嘉嘉和萱萱平时经常在美工区做手工，今天制作花与小蜜蜂时得心应手。嘉嘉一边动手做，一边还和以前见过的蜗牛进行比较，嘴里嘀咕着：“小蜜蜂头上有两个触角，和小蜗牛一样。”萱萱则说：“小蜜蜂还有翅

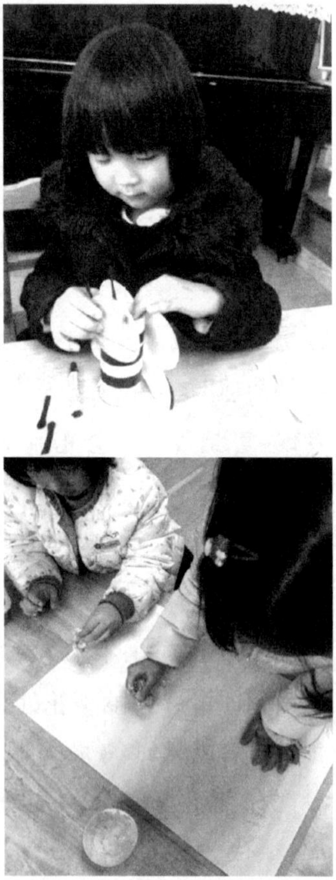

图9　在美工区制作花和蜜蜂

膀，和蝴蝶一样，会飞的。”

图10　蜜蜂“落”在自然角

过了七八分钟，宇宇拿着做好的蜜蜂，在教室里来来回回地飞：“看，我的小蜜蜂做好了，起飞咯！”飞了许久的宇宇，最后停在了主题墙附近，他左看看右看看，最后从美工区找来了双面胶，将蜜蜂贴在了主题墙上。

幼儿在画画、剪剪、贴贴中做好了小蜜蜂，并且“落”在了自然角和教室里，这样就能时时看到蜜蜂了。幼儿在美工活动中再一次仔细观察了蜜蜂，积累了有关蜜蜂的经验。

1. 我也要采蜜……

有一天，在晨间游戏时，我们听到小宝和诚诚在猜谜语，仔细一听，原来是最近孩子们之间的热门话题——蜜蜂。小宝问诚诚：“一个可爱的好朋友，它穿着黄黄的衣服，身上有几条黑黑的条纹，还有着两个翅膀，它发出的声音是‘嗡嗡嗡’的，你猜它是谁？”诚诚想了想：“嗯……”小宝看诚诚支支吾吾了一会儿，他很着急，想要用手势动作给诚诚提示，在小宝热情的提示下诚诚猜出了答案：“是蜜蜂！”

晨间谈话时，小宝和诚诚分享了两人猜谜语时发生的趣事，杰杰突然感叹：“我喜欢小蜜蜂，因为它很漂亮。”琪琪听了应和着：“我也喜欢。”杰杰说：“我还会像小蜜蜂一样飞来飞去呢！”于是孩子们一个个开始在教室里四处飞。于是我们找了一首《蜜蜂做工》，让孩子们伴着音乐在教室里飞舞，感受音乐的优美。

飞着飞着，梓诺告诉我：“老师，小蜜蜂喜欢围着小花飞的，因为它喜欢花的香味。”说完闻了闻当小花的子玥的头。小宝听到梓诺说的，也飞过来：“老师，我还知道小蜜蜂飞的时候会发出嗡嗡嗡的声音呢！”梓诺和小宝看见我在看他们，他们就骄傲地告诉我他们所知道的，用声音和动作模仿蜜蜂，来表达自己对蜜蜂飞舞的理解。

图11　音乐活动"蜜蜂做工"

幼儿在跟随音乐飞一飞、闻一闻、吸一吸的过程中,加深了对蜜蜂飞舞的印象和经验……

故事的结束和反思

故事到这里暂时结束了,幼儿在这将近一个月的时间里获得了许多有关蜜蜂的经验:初次了解了蜜蜂如何采蜜,知道了蜂蜜产品,也知道了蜜蜂不会乱蜇人……虽然近阶段百耕园里的蜜蜂不像之前那样随处可见,但是幼儿和蜜蜂的故事还在继续,因为他们对蜜蜂的好奇不会因为看不见而消失,我们老师会继续顺应他们的天性和兴趣,和他们一起继续了解蜜蜂,满足他们的好奇心,也让幼儿自己去寻找、尝试、解答有关蜜蜂的问题,相信不久后他们一个个都会成为班级里的蜜蜂小博士。

就如陈鹤琴所说的:"大自然、大社会都是活教材。"春天的百耕园是幼儿的学习场,幼儿在这里找到了他们感兴趣的蜜蜂。兴趣是最好的老师,为了找到答案,幼儿会坚持、持久地观察、寻找探索,他们也会像一只只勤劳的小蜜蜂,在大自然这本活教材里自由寻找想要了解的事物。老师作为倾听者、支持者、合作者,需要适时为幼儿拨开云雾,创设环境,提供材料,让他们通过各种方式丰富有关蜜蜂的经验,在大自然中学习。

专家点评

《蜜蜂嗡嗡叫》讲述了小班幼儿对蜜蜂及其相关问题进行探究的一段旅程。该活动最值得借鉴的地方有如下两点。

一是教师准确把握了小班幼儿的年龄特征。由于小班幼儿身心发展水平和已有经验的限制，要组织他们"研究"某一事物，对教师而言是具有挑战性的。比之中、大班，需要更多地引导幼儿通过感受、体验、游戏等方式达成对探究对象的认识与理解。对此，教师从蜜蜂会蜇人吗、捕捉并观察蜜蜂、品尝蜂蜜、做蜜蜂手工、跳蜜蜂舞等与小班幼儿已有经验联系较为密切的几个方面着手，帮助幼儿建构起了对蜜蜂外形、习性、动作、与人类的关系的初步认识，所选择的子话题及幼儿的学习方法都非常符合小班幼儿的发展水平。特别是首先进行了蜜蜂蜇人话题的讨论，观照到了小班幼儿易害怕、易受情绪影响的心理特点，帮助幼儿在活动之初卸下了对蜜蜂的恐惧，保证其安心、投入地踏上探究之旅。

二是活动利用自然资源所产生的生态价值。自然资源的深远教育价值之一就在它蕴含着"生态"的思想，这一思想的具体体现就是生命的多样性、关联性和相互依存性。虽然教师没有将上述带有哲学意义的内容点明，但是在整个活动中，我们可以看到教师在促使幼儿生态意识的萌发。比如幼儿所探究的蜜蜂不是幼儿园饲养的动物，而是生长于百耕园的"野生动物"，但人类却恰恰对这个"野生动物"无比依赖；比如在整个活动的安排当中，教师考虑到了蜜蜂与花朵、花朵与花蜜、花蜜与"我们"、蜜蜂与"我们"、花朵与"我们"——这个关系交错的体系；再比如观察结束后放生捕捉到的蜜蜂……正是有效挖掘了自然这个"活教材"，才为引领幼儿不断走近生命、发展其科学与人文精神提供了机会与条件。

（常熟理工学院　张　斌）

瓶瓶罐罐奏响曲

无锡市东湖塘中心幼儿园　须　琼

持续时间:2018 年 3 月至 2018 年 5 月

年龄段:小班

瓶罐倒了……

这段时间,户外游戏跨跳区中投放了一些净水桶、瓶子、奶粉罐,这些新材料吸引了幼儿的注意力。

晓芯、豪哥两位小朋友从货架上把水桶搬到了操场上,又拿起瓶子、奶粉罐开始摆放起来,旁边的小朋友看到了也来帮忙摆放。豪哥和子宸把彩色棒拿过来摆放在了奶粉罐上面,开始跨跳,又把瓶子、奶粉罐放在地上当障碍物,越过障碍物。

这时,豪哥不小心把奶粉罐撞倒了,“哐啷”一声,奶粉罐倒在地上,一路滚啊滚,豪哥也开心地追着奶粉罐跑,嘴里说道:“奶粉罐发出‘轰隆隆’的声音啦!”

图1　将彩色棒摆放在奶粉罐上面

图2　奶粉罐倒了

图3 探索瓶罐发出的声音

豪哥的喊声引起了其他孩子的好奇心，于是有的孩子滚动着奶粉罐和瓶子来听声音，有的将奶粉罐碰到一起听发出的声音，还有的用瓶子碰瓶子听声音……

看到孩子们对瓶罐发出的声音如此感兴趣，我们就问："你们还见过哪些瓶罐呢？它们也能发出声音吗？"

小班幼儿已经知道奶粉罐是装奶粉的，瓶子可以装糖果、饮料等，净水桶可以装很多水，玻璃瓶容易碎……这些认知都源于他们的原有生活经验。当幼儿在游戏中意外发现瓶罐碰撞、滚动后能发出声音，他们的兴趣点开始转移到"声音"上，而老师捕捉到幼儿新的兴趣点后适时进行了引导，提出支持性的问题，激发幼儿深入探究瓶罐声音的愿望。

我们身边的瓶罐

1. 我们看见的瓶罐

孩子们开始回家寻找各种瓶罐，爸爸妈妈将他们找到的瓶罐拍照片上传到班级微信群。第二天，孩子们一起分享了自己的发现。

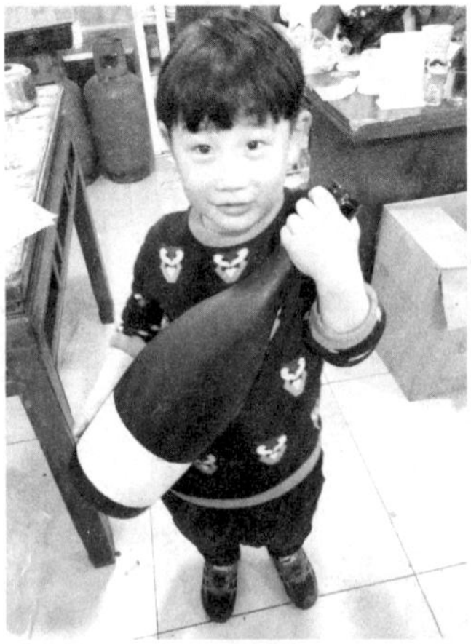

图4

◀琦皓：我家有一个大酒瓶。

果果：我家有一只黄色的瓶子，▶
是我最喜欢的瓶子。

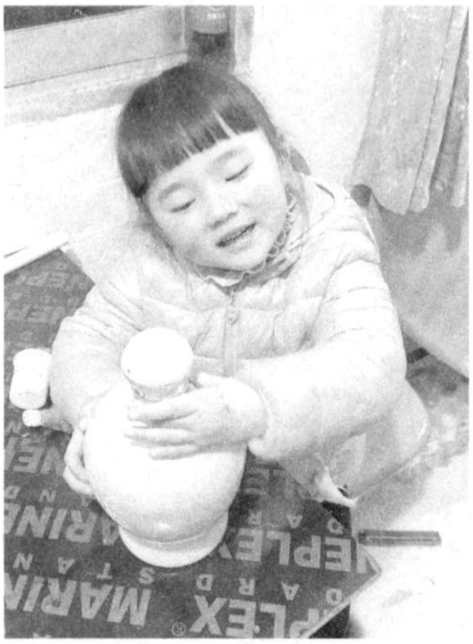

图5

图6

◀晓芯：我在逛街的时候看见过一只
白色大花瓶。

图7 ▲玥玥：我家有玻璃瓶。

图8

◀一一：我家有一只雪碧瓶，它的颜
色是绿色的。

老师："我们把找到的瓶罐带来，试一试它们能不能都发出声音。"

2. 瓶罐大收集

孩子们回家后和爸爸妈妈一起收集了身边的瓶瓶罐罐，并记录了下来。

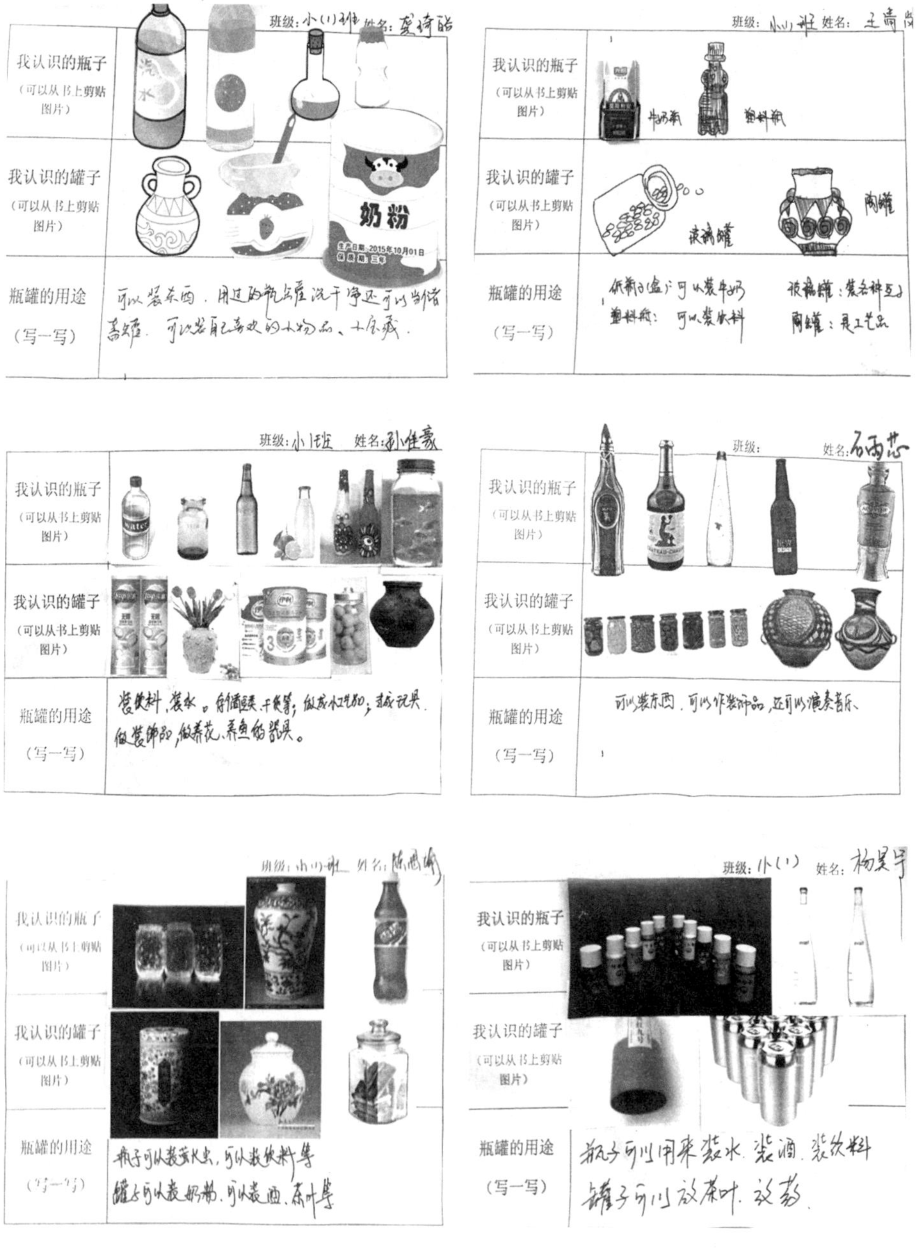

图9 瓶罐收集记录表

图10　幼儿带到幼儿园的瓶罐

孩子们将收集到的瓶罐带到了幼儿园，他们在收集瓶罐的过程中，通过观察、触摸、摆弄等多种方式，探索发现了各种瓶罐的直观特征。

玥玥说："这是我带来的绿酒瓶。"

昊宇说："爸爸跟我说这个叫易拉罐。"

霖霖说："这个是塑料做的。"

玥玥说："塑料做的瓶子摔不碎。"

小凯说："这个瓶子滑滑的，摸上去硬硬的。"

小宸说："玻璃瓶不能摔在地上，会碎的。"

昊远说："这是薯片罐，用力一捏就扁了。"

老师问："薯片罐用力捏的时候，会有声音吗？"

昊远说："有一点声音的。"

子宸说："塑料瓶捏的时候也有声音的。"

老师问："你们有什么办法让这些瓶罐发出声音呢？"

随后，我们和幼儿一起先将收集的瓶罐进行了分类摆放，再尝试用各种方法探索它们能否发出声音。

图11　分类摆放瓶罐

《3—6岁儿童学习与发展指南》(以下简称《指南》)指出，老师要和幼儿一起发现并分享周围新奇有趣的事物或现象，一起寻找问题的答案。在寻找瓶罐和分享交流的过程中，幼儿对不同瓶罐的外形、颜色、大小、材质有了初步的感知和了解，并能较完整地表达自己的观点。同时，和家长一起用绘画、照片等方式记录收集到的瓶罐及其作用，丰富了幼儿的直接经验和感性认识。而老师能捕捉幼儿的兴趣点，通过提问，聚焦幼儿与瓶罐材料的互动，为接下来探索瓶罐的声音做好前期准备。同时，在对瓶罐的分类过程中，幼儿进一步对瓶罐的特征进行比较分析、概括，促进了他们数学思维和智力的发展，使他们获得了重要的数理经验。

让瓶罐响起来

1. 我们的办法

一一拿来了毛笔在奶粉罐上敲:“咚咚咚,我在敲小鼓啦! ”

图12

果果拿牙刷在玻璃瓶上敲:“叮叮叮,真好听。”

图13

晓芯把玻璃瓶放在地上滚起来,瓶子发出了“咕噜噜”的声音。

子宸用力地捏易拉罐,边捏边说:“噼啪噼啪, 放炮仗啦! ”

图14

图15

豪哥拿来了自制体育玩具“保龄球”用力摇晃，发出了“沙沙沙”的声音。

豪哥大声地说：“这个有沙子，发出了下雨的声音。”其他孩子听见了，纷纷围了过来。他们拿着“保龄球”也开始摇起来……

老师问：“如果把其他的东西装在瓶罐里，也会发出声音吗？”

《指南》在科学领域中指出，3—4岁幼儿“能用多种感官或动作去探索物体，关注动作所产生的结果”。幼儿通过自主探索，发现敲、滚、捏等不同的方式可以让瓶罐发出声音，将既有的知识与新的学习经验连接起来。幼儿用象声词描述瓶罐发出的声音，发展了他们的语言表达能力。

当我们观察到幼儿对装有沙子的瓶子发出声音产生了浓厚的兴趣时，进一步提出了问题，为幼儿接下来的探索提供了有力的支持。

2. 摇一摇，比一比

（1）我想装……

一一说：“我想装沙子。”

晓芯说：“我想装布头。”

镐镐说：“我想装我们自然角种的黄豆。”

豪哥说：“老师，可以装弹珠。”

……

经过讨论，大家决定用弹珠、纽扣、彩色棒、布块、棉花、大米、黄豆、沙子等材料来探索声音。

图16　探索声音的材料

（2）它们都有声音吗

孩子们从材料区里选了各种瓶罐准备探索。

子宸说："我来用薯片罐装棉花吧。"

豪哥说："我来装弹珠吧。"

镐镐说："我想在奶粉罐里装黄豆。"

晓芯说："我把布块装进薯片罐试试。"

孩子们边说边把这些材料放进瓶罐里，开始用力地摇起来。

镐镐说："我装的是黄豆，声音真大。"

豪哥说："弹珠滚来滚去，真好玩。"

子宸说："老师，棉花没有声音。"

晓芯说："这个（布块）摇起来声音很轻很轻……"

最后，幼儿发现除了棉花是没有声音的，其他材料装在不同的瓶罐里都能发出声音，并把发现的结果记录了下来（见图17）。

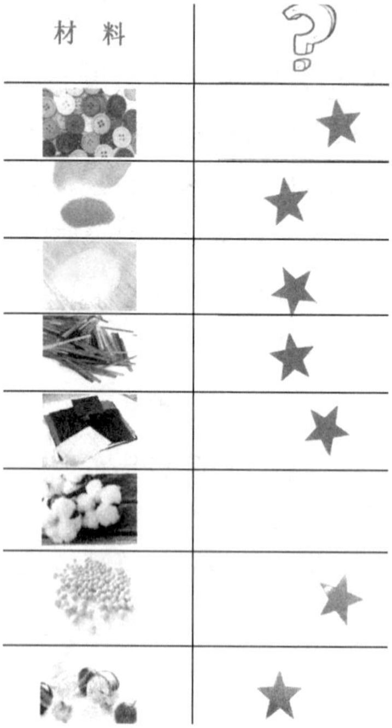

图17　记录表

这时候，我们发现豪哥将玻璃瓶里的弹珠倒出来后又装在了塑料瓶里，开始摇晃起来。

豪哥说："放在这个里面也有声音的，是不一样的。"

老师提示："把你们刚才装的东西再装到其他的瓶罐里，会发出什么样的声音呢？"

幼儿任何一段有价值的经历，应该既有趣，又有效。游戏活动绝对不是简单的快乐、好玩，还要让它成为幼儿经验生长的时空。我们应尊重幼儿的身心发展规律和学习特点，让幼儿在有趣、有效的游戏中学习，在逐层深入的问题和挑战中不断获得新经验。

《指南》中指出，小班幼儿对感兴趣的事物能仔细观察，发现其明显特征；教师要为幼儿提供一些有趣的探究工具，用自己的好奇心和探究积极性感染和带动幼儿。幼儿的科学学习是在探究具体事物和解决实际问题中尝试发现事物间的异同和联系的过程。我们看到幼儿对探索瓶罐的声音特别感兴趣，以此为契机提供丰富的材料，引导幼儿主动探索"不同材料装在瓶罐里是否都能发出声音"。幼儿通过实践，得出"棉花是没有声音的，而其他材料放在瓶罐里都能发出声音"的结果。为了让幼儿在现有的经验上还可以得到进一步的提升，我们班内两位老师进行了审议，深入挖掘游戏活动的价值，尝试从提供材料的方式和材质对声音的影响两个方面进行持续性的探索，立足幼儿的发展需求，让幼儿在宽松、自由的氛围中深度探究。

（3）它们的声音一样吗

孩子们把自己装在瓶罐里的东西倒出来，又继续装入其他的瓶罐里，开始摇起来。

豪哥说："弹珠摇起来很重。"

子宸说："哇，弹珠发出了'咚咚咚'的声音。"

思思说："我的(大米)是'沙沙沙'的声音。"

晓芯说："布声音还是小小的。"

暄暄说："我的彩色棒也是'沙沙沙'的声音。"

镐镐说："黄豆的声音下雨了。"

豪哥说:“我用力摇发出的声音很响。”

听了豪哥的话,孩子们开始更用力地摇晃瓶子,仔细听发出的声音。

思思说:“大米也是的。”

豪哥说:“弹珠太重了,摇得我好累啊。”

镐镐说:“老师,轻轻摇,黄豆的声音就小了。”

当幼儿在探索中发现“摇得重黄豆发出的声音大,摇得轻黄豆发出的声音小”这个现象时,我们开始追问:“如果一个塑料瓶装的黄豆少,一个塑料瓶装的黄豆多一点,猜猜,谁的声音大,谁的声音小?”

每一次,幼儿都是带着问题去探索,自主选择材料,并且分享自己的发现,获得了“同种材料放在不同的瓶罐中发出的声音不一样”的经验。在解决问题的过程中,幼儿不断地探究和思考,尝试进行简单的推理和分析,还发现摇动瓶子的力度与发出声音的大小有关联,摇得轻发出的声音轻,摇得重发出的声音响。以此为切入点,我们开始引导幼儿尝试探索发现东西装得多少与发出的声音大小之间的关系。

在探究过程中,幼儿发现相同材料装在不同的瓶子里发出的声音是不一样的,初步感知了物体材质对声音的影响。基于他们的兴趣和发现,我们生成了音乐活动“会唱歌的瓶娃娃”,为幼儿提供平台,将探索性的游戏拓展到音乐活动中,如:有的幼儿用装有黄豆的塑料瓶表现“哗啦啦”的大雨,用装有大米的薯片罐表现“淅沥沥”的小雨;有的幼儿拿着装有弹珠的瓶子,用力摇表示大雨,轻轻摇表示小雨。把这些瓶罐当作乐器给歌曲伴奏,给予幼儿自主发挥的空间,让他们敢于并乐于表现美。在活动中幼儿兴趣浓厚,充满好奇,大方表演,大胆表现,充分体验了音乐游戏的快乐。

同时,针对前一阶段幼儿的游戏和探索发现,我们进行了分析和梳理。幼儿开放式地探究“让瓶罐响起来”的方法,他们的操作方式是:敲敲打打—在不同的瓶罐中装入各种材料——一样的材料装在不同的瓶罐里,在这一过程中,他们的探索是递进的,获得的经验是层层深入的。当幼儿对各种材料在瓶罐里发出的声音产生浓厚的兴趣时,他们进入到了聚焦式的探究中。面对当前已经获得的经验,我们开始围绕瓶罐材料游戏价值的深度开发再一次进行了审议。基于幼儿发现问题的基础上,我们引导幼儿思考问题“一个塑料瓶装的黄豆少,一个塑料瓶装的黄豆多一点,猜猜,谁的声音大,谁的声音小”,幼儿大胆猜想并设法验证。

(4)猜猜:谁的声音大,谁的声音小

幼儿开始纷纷猜测。

豪哥说:“一样。”

子宸说:“不一样。”

镐镐说:“我想试一试。”

思思说:“声音会不一样。”

果果说:“豆子装得少,声音会小小的。”

暄暄说:“装一粒,肯定最小声。”

玥玥说:“装得多,发出的声音响。”

小芯说:“装满的时候,声音最大。”

老师问:“怎么让别人知道我们的实验结果呢?”

子宸说:“画下来。”

老师问:“画些什么呢?”

子宸说:“声音的大小。”

豪哥说:“黄豆。”

果果说:“放了多少黄豆。”

……

最后,我们根据幼儿的想法设计了游戏记录表,让幼儿去证实自己的猜测。

说明:喇叭的大小表示声音的大小,幼儿通过操作在瓶子里画出不同数量的豆子。

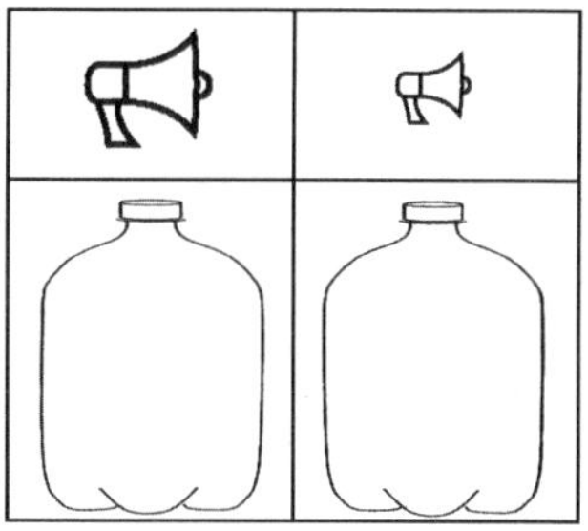

图18　游戏记录表

(5)我们猜对了吗

豪哥在一个瓶中装了几颗黄豆摇一摇,听听声音,又在另一个瓶子里装了半瓶黄豆,用力摇起来。“这个瓶子里发出的声音好大啊。”随后在记录表上将发现的结果记录下来。

图19 豪哥的探索与记录

在一旁的子宸把两个瓶子都装满了，用力摇一摇：“我的声音怎么这么小？”

老师问：“这是为什么呢？”

豪哥说：“豆子装得太多了。”

子宸听了豪哥的话，将一个瓶子里的黄豆倒出来一些，然后再摇一摇，说：“声音变大了。”

图20 子宸的探索与记录

“老师，两个瓶子声音一样大，我比不出来。”果果大喊道。我一看，原来果果的两个瓶子里黄豆的数量差不多。

果果说：“这个怎么画呢？老师，我想要两个一样大的喇叭。”听了她的话，我和她一起在小喇叭旁又画了一个大喇叭。

图21　果果的探索与记录

经过多次尝试和比较之后，幼儿发现瓶里的黄豆装得多声音大，反之声音比较小；但是装满黄豆的瓶子几乎发不出声音，这跟他们的猜测相反，幼儿觉得特别惊讶。同时他们在游戏中也发现了一些问题，当装入的黄豆差不多时，他们很难比较发出声音的大小。

幼儿在我们的引导下开展了这一阶段的游戏。我们以提问的方式再次引发了幼儿新的认知冲突，激发了他们新的探究欲望，他们大胆地进行猜测，主动探究瓶内材料的数量与声音大小的关系。解决问题的过程需要尝试记录，但是我们没有直接提供记录表，而是组织幼儿进行讨论，根据他们的想法设计了记录表。在探索过程中，幼儿能通过对比，加上自己的推理进行简单的记录，在老师的帮助下建立了事物之间的联系。

在幼儿记录的过程中，我们也发现了一些问题，如瓶中装入的黄豆差不多时，幼儿很难比较声音的大小，当前的记录表也无法记录这种结果。针对这个问题，我们可以和幼儿讨论对记录表进行优化，以便能记录不同的实验结果。

课程故事的思考

《瓶瓶罐罐奏响曲》这个故事来源于幼儿户外游戏中对瓶罐声音产生的兴趣。瓶罐是幼儿生活中常见的，并且易收集、操作性强的材料，对瓶罐的探究有助于幼儿获得多方面的经验。

《指南》中指出："幼儿科学学习的核心是激发探究兴趣，体验探究过程，发展初步的探究能力。”基于小班幼儿的学习需求和瓶罐材料的游戏价值，我们的探索活动从幼儿的生活、幼儿的兴趣点开始确立游戏主题，以幼儿的问题作引线进一步拓展，老师耐心引导幼儿探究瓶罐响起来的方式以及初步感知影响声音的因素。幼儿在积极、主动的探索和发现过程中，融入了自己的多种感官认知。用眼睛看、用耳朵听、用嘴表达、用手操作、用自己的身体直观感知了身边的瓶罐，进一步了解了瓶罐的大小、材质、用途等基本特征。在老师的引导下，幼儿进行观察、比较、分析、实验等探究实践，深度思考并分享交流自己的发现，聚焦瓶罐响起来的方法与影响因素。幼儿发现问题—猜测假设—实践操作—记录验证—得出结论，体验了自主探索瓶罐的乐趣。

我们的课程故事并不是到此就结束了，幼儿还提出了许多新的问题，如：不一样大小的豆子放在一样的瓶子里声音一样吗？为什么敲奶粉罐声音很响？如果声音一样怎么记录呢？

老师持续观察幼儿的游戏行为，不断地分析他们游戏活动的价值。如幼儿对瓶罐材料认知的原有经验，幼儿可能获得的经验的提升，幼儿在游戏中可能遇到的问题和困难等。这些分析需要老师敏锐、深入的观察，尊重幼儿的想法和现有的经验水平。这个故事的发展不是老师预设的，而是老师与幼儿共同参与、共同思考，在持续进行的探究中产生的。老师对遇到的问题进行审议，逐步推动游戏的深入发展，在故事发展过程中，老师是引领者、支持者和参与者。

《瓶瓶罐罐奏响曲》的故事中，家长的参与度很高，从最初的一起搜集各种各样的瓶罐，记录瓶罐的特性及用途，到探究瓶罐声音时收集的各种豆子，都是家园合作的良好体现。幼儿与父母一起学习，一起成长，一起体验成功的乐趣，这些都是家园共育的体现。

课程故事的开展为幼儿和老师搭建了一个共同的舞台，老师对幼儿有了更加深入的了解，为他们建构了自由宽泛的发展空间。老师从以前的牵着幼儿走，到现在追随幼儿的脚步，真正做到信任和尊重幼儿，认同“每个孩子都是有能力有自信的学习者和沟通者”。

专家点评

这是一个有趣、生动而完整的课程故事，讲述了小班幼儿偶然发现瓶罐倒了，并发出声音，从而引发了系列活动，体现了教师较为敏锐的课程意识和课程能力。

好的课程一定是基于幼儿的经验，并引发新经验产生的过程。幼儿任何一段有价值的经历，应该既有趣又有效。活动绝对不是简单的快乐、好玩，还要成为幼儿经验生长的过程。在故事中，我们不仅看到了教师对幼儿经验的关注，不断地将幼儿的行为与《3—6岁儿童学习与发展指南》中的关键经验进行链接，自然整合科学、艺术、语言和情感多方面的价值，给予幼儿完整而丰富的经验；同时还看到了教师对幼儿学习和发展规律及特点的尊重，鼓励和支持幼儿运用多种感官自主操作、探究和体验，通过与材料、教师、同伴之间的互动，不断生发和建构新的经验。

好的课程一定离不开教师的专业支持。在故事发展的过程中，让人印象非常深刻的，就是反复提到了一个词——课程审议，在很多的环节过程当中，特别是幼儿经验的转化或者深发的环节过程中，都出现了"审议"。比如"让瓶罐响起来它们的声音一样吗"，就有一个审议的过程，教师对幼儿的经验兴趣在做判断，做一种价值判断，包括资源的提供、问题的聚焦，以及对课程的不断反思、调整、跟进，这是个非常有意思也很有价值的探索。"审议"是课程开发和完善的重要途径和方法。在课程开发和建设过程中，有大量的非结构化的、不确定的问题，需要通过对实践的分析、思想的碰撞，才能筛选出较为合理和有效的策略。教师们紧紧抓住"审议"这个技术手段，通过教师的集体智慧，引导大家对课程中的问题进行商议并做出选择和决策的过程和方法，值得我们借鉴。

（南京市实验幼儿园　章　丽）

车来啦

空军济南基地机关幼儿园　杨鲁云　马黎霞

持续时间:2016 年 10 月至 2017 年 11 月

年龄段:小班

孩子们的谈话

每天来幼儿园的路上,孩子们都会被来来往往的车辆所吸引。近期,中班正在进行“我在马路边”的主题活动,更引发了他们对车辆的关注,几乎每个孩子都能对自己感兴趣的车侃侃而谈。涵涵说:“今天,爸爸开车送我来的,是SUV。”小鱼说:“我家的车是上海大众,爷爷送我来幼儿园坐36路公交车。”豆豆说:“我爸爸说他最喜欢跑车,今天来幼儿园时,我看到了一辆红色跑车。”……孩子们的谈话引起了老师的注意,既然他们这么喜欢车,那我们就开个汽车博览会吧。

汽车博览会

召开汽车博览会的消息公布后,孩子们非常兴奋。他们搜集了各种车辆的图片,张贴在班级墙上,又把美工区的展台清出来,专门开辟成一个汽车展区,把从家里拿来的各种汽车模型和玩具摆放上去。浩轩爸爸还帮着打印出各种车标贴到班上。孩子们一有空,就到展台前评点议论,到照片和车标图前指认一番,很快,各种车的名字和车标都被孩子们记住了。更多的孩子把汽车模型放在手里把玩,东抠西按,想探寻车里的秘密。

汽车能否开进幼儿园

从幼儿的表现中可以看出，汽车已经引发了他们的探究欲望，那么该利用何种方式让幼儿感知和体验呢？这时有老师大胆提出：能不能把车开到幼儿园，让孩子们与车来个零距离接触，效果会不会更好？

这个提议得到了大家的响应。于是，老师组织孩子们谈话，请孩子们说说“最想邀请什么汽车来幼儿园做客，为什么”。孩子们提到了警车、消防车、洒水车、公交车等十余种车辆。老师发现孩子们对车辆名称很了解，但对车辆细节就不是很清楚，还有个别孩子会混淆洒水车和清扫车。老师记录下孩子们的想法，通过教研的形式反馈给园长，希望园长为孩子们协调车辆进园事宜。

协调到了七种车

通过分析，我们发现：园内可利用的有教师的私家车、幼儿园的商务车，营区可以协调的有消防车、洒水车，还有门诊部的救护车。我们充分利用家长和社会资源，先后请家长协调到了环卫局的清扫车、公交公司的公交车。

园长逐一与各单位和家长联系，大家一听是让孩子们来认识车，都非常积极地配合幼儿园。很快，七种车全部联系到位，并确定了每周观察两种车。

车子是什么样的

为了让孩子们的观察更有目的，我们按照猜想、验证、记录、分享的顺序进行活动。

1. 关于车的猜想

在每辆车入园之前，请孩子们说一说你最想知道××车的什么秘密。有的孩子说：“我最想知道洒水车里的水是怎么进到水箱里的。”有的孩子问：“消防车的红色车厢里都有什么？”……通过他们的猜想，老师发现孩子们的兴趣点和已有经验都有差异。

2. 设计记录表

针对每种车辆，结合幼儿的兴趣点，老师和幼儿一起设计了记录表，表中包含车门、车窗、车玻璃、车座、车灯等幼儿感兴趣的内容。还针对特种车辆不同的功能增加了记录内容，如消防车增加了水枪、消防服、履带，救护车增加了病床、红十字标识等，以区分观察的重点。

车来啦

在计划车辆入园时，按照幼儿的熟悉程度，从贴近幼儿生活出发，逐步向社会外延，逐一邀请。陆续地每周都有两辆不同的车开进幼儿园，车子终于来啦！

1. 老师的私家车

图1　老师的私家车

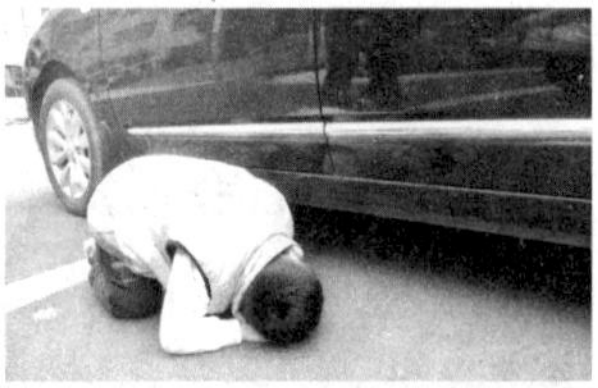

图2　观察车子的底部

图3　摸摸方向盘

图4　观察后备箱

图5　观察车灯

首先出场的是三辆私家车。对于私家车，幼儿相对比较熟悉，三辆车一同出现，为他们提供了观察、比较的条件。他们对车的颜色、车型、车窗个数、车标、车牌、内饰等观察较多。细心的孩子在数车窗时，会把天窗也算进去。明宇在记录当中画了一个大大的方块，说："这是车的底盘，我刚才看到了，它们的底盘不一样。"楠楠说："红色越野车车轮最大。"毛毛说："白车后面有宝宝座椅，奶奶说坐在宝宝座椅上最安全。"笑笑用手轻轻地摸着驾驶座旁边的显示屏，问道："这是什么？"一鸣和康康争先恐后地说："这是放音乐的。倒车的时候，不会撞到人。"孩子们将观察到的内容直接记录下来，为自己的调查收集信息。

第一次的观察，老师惊喜地发现，幼儿的观察角度和兴趣点是不同的，他们的想法也是不一样的。我们应该把时间留给幼儿，让他们自己去发现、探索——直接感知才是幼儿最好的老师。同时我们也发现，幼儿的观察顺序也不同，有的按照记录表的顺序观察，有的看到什么就在表上找到相应的地方记录下来。经过讨论，幼儿知道了观察时先看车的外观，再看车的内部，有问题时请教驾驶员。

2. 商务车

第二辆开来的是幼儿园的商务车。

看到商务车后，孩子们惊奇地说："商务车的门不用手开，是电动的。""商务车的车座可以折起来。"从孩子们的观察、发现中可以感受到这与他

图6　幼儿园的商务车

图7　观察体验后备箱

图8　体验驾驶座

图9　乘车感受

图10　拥抱司机师傅

们的猜想是不一样的,与汽车近距离的接触丰富了他们的生活经验。

本次观察中,最让我们感动的是孩子们的社会性行为有了变化。

一是敢于表达自己的喜爱。司机师傅也兼职我园保安,和孩子们的接触仅限每天早上在门口迎接他们。今天为了帮助孩子们体验乘车,他分期分批请孩子们上车感受,孩子们在车上都很兴奋,下车后,都主动跑到师傅面前,用最纯真的拥抱表达谢意。

二是出现自发的互助行为。在第一次记录中,孩子们是将记录夹放在地上,蹶着小屁股个人记个人的。而在这次记录中,我们欣喜地发现,孩子们相互以自己的后背当支撑,为同伴记录提供帮助。孩子们的表现让我们看到,当团队成员目标一致时,成员之间更容易接纳和包容彼此,互助行为增加,归属感更强,更有利于个人融入集体。

图11　第一次记录

图12　第二次记录

3. 消防车

每个孩子心中都有一个英雄梦，消防车的到来，更引发了孩子们高涨的热情。

图13 司机叔叔介绍高压水枪

图14 孩子们观察直流水枪

面对这样一个庞然大物，孩子们竟然先去和轮胎比个头。司机叔叔把消防服取出来，让孩子们摸一摸，感受消防服的厚重。孩子们对于水闸阀门，每一个小窗口里藏着什么，都一个不落地仔细观察。他们还发现了车上的反光镜远远多于小型车。汽车上都有哪些镜子？汽车上的镜子与生活中的镜子有什么不同呢？当当说："汽车上的镜子可以照到汽车后面有没有人。"妙然说："妈妈可以在车上照镜子化妆。"跟随幼儿的兴趣点，在接下来的科学功能室活动中，老师带领他们认识了凹凸镜等，丰富了幼儿对镜子种类的认识。

4. 洒水车

对于洒水车，孩子们最感兴趣的当然是它如何洒水。

图15 洒水车来了

图16 洒水车的喷头

孩子们对喷头很感兴趣，发现喷头可以上下、左右来回地转动，因为这样“可以浇左边的树，也可以浇右边的树”。东东还想到车厢里去看看，司机叔叔告诉他，车厢是装水的，人是进不去的。孩子们主动将消防车和洒水车进行对比，因为它们都有水厢。经过询问司机叔叔，知道了水厢储水的位置是不同的。幼儿在观察探究中，积极思考，主动联想、对比，尝试进行简单的推理和分析，发现了洒水车和消防车结构之间的明显关联。之后，我们提前进行了“车来啦”主题活动，老师直接站在车上演示为树浇水，引发孩子的欢呼。

图17　老师站在车上演示为树浇水

5. 救护车

图18　救护车来了

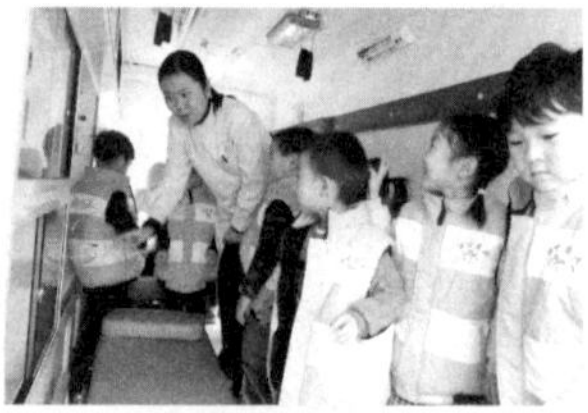

图19　救护车的车厢

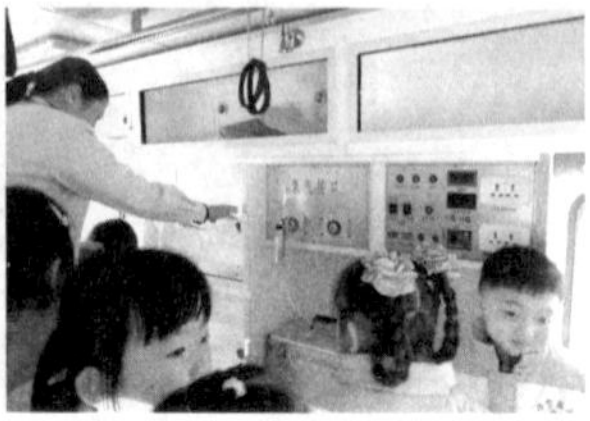

图20　车厢里的按钮

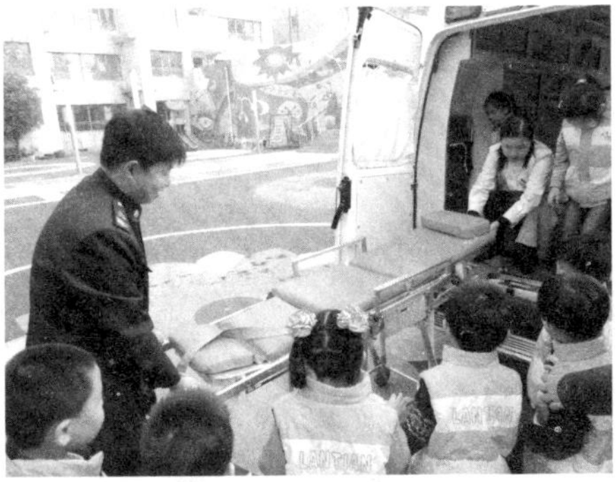

图21 演示救助病人

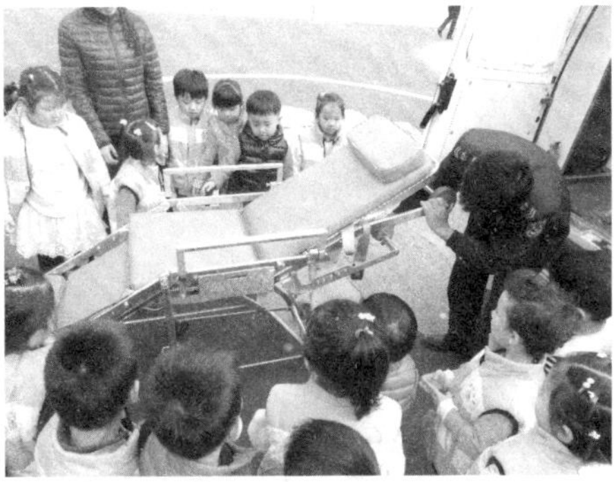

图22 救护车上的床可以变成轮椅

对于救护车，孩子们的经验是有红十字，有数字120，会发出“嘀嘟”的声音，有一闪一闪的警灯。但救护车后面大大的车厢里有什么，他们并不知道。有了前几次与司机叔叔的互动，这次他们表现得更为主动。

上了救护车，孩子们情不自禁地用手摸着不同的按钮，猜想着：这是打针的，这是放药用的。还发现车厢里不是一个个的座位，而是平坦的床，上面有看似把手的套环，贴着车壁还挂着蓝色的担架。那救护车里面为什么会这样设计呢？孩子们向司机叔叔和护士阿姨提了一连串的问题，等老师走近车辆的时候，孩子们变身讲解员，开始抢着给老师解释：这个套环是挂吊瓶用的；有的病号不能走路了，可以用这个担架抬上车；车上的床是给病人躺的；等等。当看到司机叔叔和护士阿姨演示救助病人时，孩子们发现救护车上的床还可以变成轮椅。回到班里，老师还带孩子们进行了“救护车小百科”的交流分享。

本次活动中，老师有意识地退到后面，由幼儿带着问题、带着记录表自己去寻找答案，他们主动向司机叔叔和护士阿姨提问，能做到有问题愿意向别人请教，自主学习的劲头更足。

6. 清扫车

大家平时只在路上见过清扫车，它到底长什么样，没有孩子能说清，所以他们最想知道的是，它是怎么把垃圾扫起来的。

图23　清扫车来了

图24　清扫车的扫帚

图25　车里的按钮

图26　清扫车的车厢

这次的司机是一位阿姨，她给孩子们讲解了车上的所有秘密，比如车上的方形窗口是观察垃圾的数量的。细心的孩子发现，清扫车上也有警示灯，但颜色却与救护车不一样。还发现车上众多按钮，每一个按钮作用都不同，比如有的是让扫地车的扫帚转动的，有的是让车厢掀起来倒垃圾的，等等。为了让孩子们亲眼看到清扫车是怎样工作的，我们将银杏叶撒在操场，阿姨开车将叶子扫起来。看到这个大家伙在阿姨的操作下乖乖听话，孩子们对环卫阿姨非常崇拜。阿姨说她受到了从未有过的礼遇和尊重，第一次觉得干环卫是这么光荣的事。

的确，在孩子的眼中，职业没有高低贵贱之分，正如《指南》中提到的，尊重为大家提供服务的人，珍惜他们的劳动成果。孩子们向每一位劳动者都表达了由衷的敬意，这不正是教育所期待的结果吗？如果我们每位社会成员，也能对每一位劳动者表示应有的尊重，整个社会将是多么和谐。

7. 公交车

很多孩子每天乘公交车来幼儿园。一位家长恰好在公交公司上班，由她协调，公司专门派出路线就在营区附近的36路车。因为孩子们大都有过乘公交车的经验，所以车门一开，他们就把手往刷票处一贴，嘴里还同时发出“嘀”的声音。上车后还相互交流自己坐过哪路车，可以到××家去，等等。“你的脚不能踩座位。”“坐车时要抓好扶手，才不会摔倒。”“妈妈说前排的座位是给爷爷奶奶和肚子里有小宝宝的阿姨坐的。”“我们上下车时要排队，一个一个地下车。”这些谈话内容，反映了他们的生活经验。他们在车上前后观察，并通过司机叔叔的介绍，知道窗户上有安全锤，是逃生用的；公交车使用的是燃气，清洁无污染；车上和车下的位置都有摄像头，是为了准确记录车况。

图27　孩子们在公交车上

活动结束后，这位家长专门介绍了公交公司的一个公益活动：当小朋友与家人走失的时候，可以登上任意一辆公交车，司机叔叔就会安全地把小朋友带到车队，再与爸爸妈妈联系，把小朋友送回家。老师们把这个内容同步分享到全园家长群，也丰富了家长的社会信息。

孩子们的收获

《纲要》指出，要鼓励引导幼儿做简单的计划和记录，并与他人分享交流。孩子们参观车辆回到班级后，老师请孩子们对照记录表，分享他们的观察，孩子们的不同回答反映了他们的认知特点和发展水平。

1. 我看到了……

一百个孩子有一百种语言，每个孩子在探索车的过程中，都积累了一定的有关车的经验，他们将这些经验用图画的形式表达出来。在表达的过程中，他们用语言加以说明，用讲故事的形式说给同伴听，用搭建的方式相互合作……从孩子们画出的排气管、雨刷、门把手等，以及建构作品中可以看出，他们对车辆进行了仔细的观察。

图28　孩子们的绘画作品

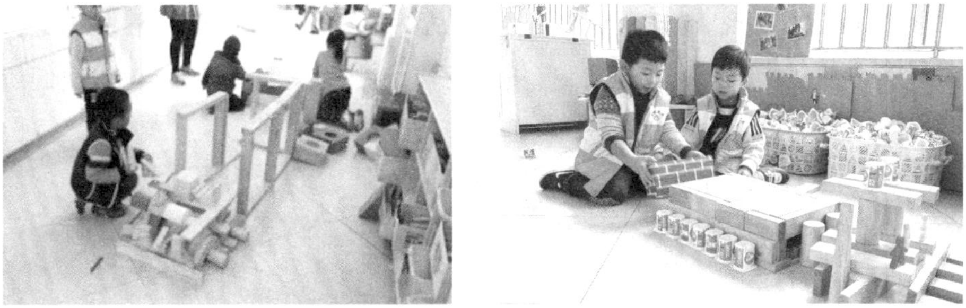

图29　孩子们的建构作品

大部分孩子画的车都是侧面的，特别是画清扫车的时候基本都能把四个扫地刷画出来，但有的孩子画了清扫车的正面，而且画面中准确地只画了两个扫地刷，真是“画我所看”。

图30　侧面扫地车

图31　正面扫地车

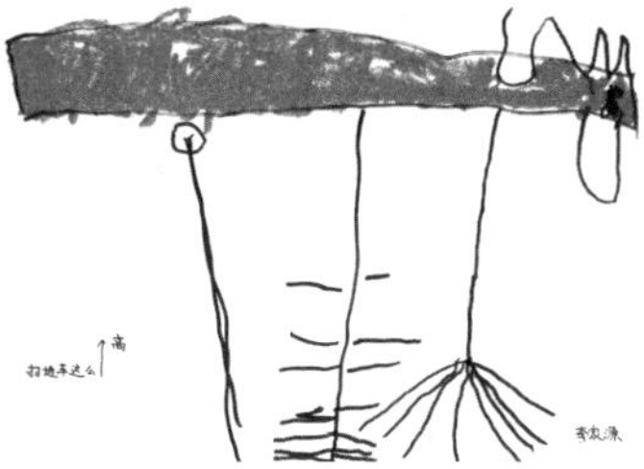

图32　只画了两个扫地刷

通过观察，孩子们绘画车辆更加精准，先画整体，后画细节，美术表现更到位。在后期组织的绘画活动中，有的孩子画的攀登架竟然表现出了遮挡和透视效果。老师都不敢相信这是一个中班上学期的小朋友的作品。

令人可喜的是，孩子们的记录也越来越准确。从前两次的记录中能看出，有的孩子还无法准确画出车窗、车轮、车座的个数，到第四次的洒水车记录和第六次的清扫车记录时，孩子们的记录已经较为准确了，从中可以看出幼儿发展水平的提升。

图33　攀登架

孩子们还发现，救护车的后门可以从两侧打开，而且车的下方还有长长的排气管，等等。事实证明，直接观察让幼儿收获了更多的经验，他们所

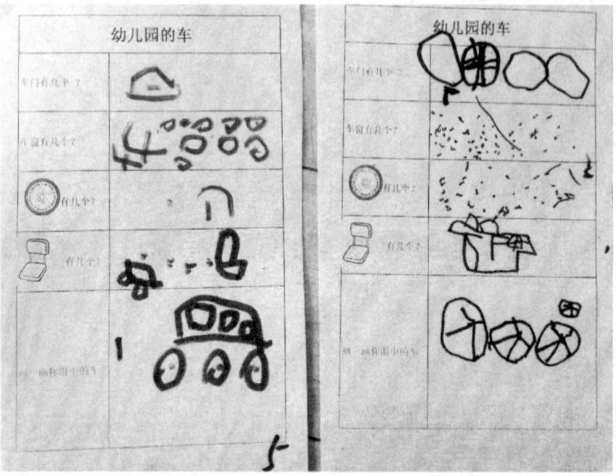

图34　第二次记录

图35　第四次记录

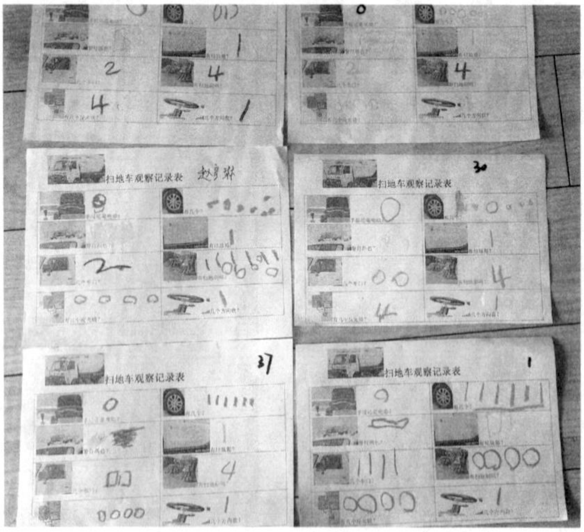

图36　第六次记录

表现出来的热情、专注以及情感表达，让教育活动更具吸引力和凝聚力。

2. 我知道了……

有的孩子说："消防车虽然很厉害，但还是不要着火，因为有的楼太高了，消防车灭不到。"有的说："当听到、看到120的车时，要主动让路，因为车上有病人要急救。"还有的说："不能随便扔垃圾，因为扫地车并不能扫干净所有东西。环卫阿姨会很辛苦……"孩子们这些真挚的话语，表明他们已经能在良好的社会环境及文化的熏陶中学会遵守规则，建立基本的认同感和归属感。

3. 我要感谢您

正如《指南》中的教育建议："利用生活机会和角色游戏，帮助幼儿了解与自己关系密切的社会服务机构及其工作……体会这些机构给大家提供的便利和服务，懂得尊重工作人员的劳动，珍惜劳动成果。"在观察各种车辆时，幼儿自然认识了不同的职业，同时在与司机的交谈中，了解了他们的辛苦，萌发了喜爱、尊重劳动者的情感。如果没有真实的观察和体验，幼儿是不容易感受到的。

制作小汽车

随着各种汽车陆续开进幼儿园，孩子们对汽车有了更浓厚的兴趣。"我喜欢翻斗车，我喜欢多功能房车，我喜欢变形车……"孩子们谈论的已不再局限于日常接触到的汽车种类。这天卓卓把和爸爸一起做的"万能卡车"拿到幼儿园的时候，小伙伴们几乎惊呆了。由一个长方形的牛奶盒，变成"万能卡车"的新型车厢，前边用方形的盒子作了车头，再用废旧盒子当车轮，将一根细细的铁丝弯成了方向盘。小朋友们看见后，都禁不住围了上去。"卓卓，好漂亮的车子，车轮可

图37 孩子们制作自己的新式汽车

以动吗？”“卓卓，你和你爸爸一起做的吗？我也要和爸爸一起做。”卓卓兴奋地将和爸爸一起制作“万能卡车”的过程与大家分享。那一天的美工区域活动中，孩子们坐在一起设计制作属于自己的新式汽车。

第二天，骐骐还带来了用饮料瓶做成的车子；海海兴高采烈地“开”来了用牙膏盒拼成的面包车。没几天，孩子们在建构区里搭建起了足足有四层的“高楼”，每个“楼层”里停满了大大小小、各种各样的新式小汽车，建构区变成了一个“汽车城”，这些汽车都是孩子们在家里和爸爸妈妈一起用废旧物品改装的。

家庭是幼儿园重要的合作伙伴。亲子合作制作小汽车，不仅提升了幼儿的经验，激发了他们的兴趣，更重要的是密切了亲子关系，让家长放下手机，倾听孩子的想法，使陪伴更有质量。

操场上的小司机

每天下午是孩子们户外分区活动的时间，在主题活动“车来啦”进行期间，最受欢迎的还是小车区，有许多孩子来到“马路”上“开车”。有的孩子车后面带着同伴就撞进了“居民区”，有的故意与同伴的车子相撞，还有的围在一起在“马路”上玩车子……这不，麻烦来了。

嘉嘉说：“正正的汽车总是撞到我的汽车。”

浩然插了一句话：“这样会死人的。”

老师马上回应道：“那太危险了，怎样让汽车开在马路上既安全又快呢？”

糖糖说：“开汽车的时候要小心，不要和别的汽车撞在一起。”

浩然说：“我的汽车开不快。”

老师说：“汽车怎么会开不快？”

浩然接着说：“因为有的小朋友围在一起在马路上玩车子，所以汽车开不快。”

老师追问：“咱们的马路上有这么多的问题，那该怎么办？”

妙妙说:“要遵守交通规则,汽车看见行人要等一等。”

静静说:“马路上要有交警,我爸爸就是交警。”

交警叔叔来了

在和孩子们商议后,老师决定邀请静静的爸爸来幼儿园,给我们讲一讲更多的交通规则。静静爸爸穿着交警服装来到班里,带来了视频、图片,这下孩子们知道,司机开车时要保持一定距离,不能离得很近;车道上没有行人横穿马路,所以汽车开得既快又安全;行人要在有红绿灯的地方过马路。他还给孩子们演示了交通指挥的手势,孩子们纷纷模仿,眼神中透露着崇拜和尊敬之情。在“你问我答”的互动游戏中,孩子们踊跃发言,大声朗诵《交通安全歌》。当孩子们再来到操场时,他们“骑车”小心了很多,遇到“堵车”“撞车”等情况,还能用知道的交通规则来为自己辩论了。

幼儿园与家庭、社会合作,引导幼儿了解自己的亲人以及与自己生活相关的各行各业人们的劳动。交警叔叔的到来,让幼儿又认识了一个新的职业。

老师的感悟

这次将车开进幼儿园,是对以往教学的一次革新,进步的不仅仅是幼儿,老师也在共同成长。

当学习是自主开放时,幼儿焕发出极大的学习热情,他们犹如缺水的海绵,按照自己的兴趣和需要,不断汲取所需内容,学习效率高,学习容量大,是一个强大而自信的主动学习者。

在活动过程中,每个孩子都表现出鲜明、独特的学习个性,每个孩子都是那么不一样,每个孩子的最近发展区各不相同,老师们不能拿一把尺子衡量全班的孩子。老师在感悟中说道:“有时候我们成人会用常规的理论来评判事情,懒得去验证,懒得去观察,而孩子比我们强得多,他们的眼睛都是纯真、明亮的,体现出智慧。所以平时生活中不能急于对幼儿的行为下结论,需要真正慢慢了解。”

教学方式一定要尊重幼儿的学习特点，让幼儿在活动中直接感知、亲身体验、实际操作。正如老师在反思中写到的:“组织小朋友观察时,图片比空想好,模型比图片好,实物比模型好。”走出教室,带小朋友进入真实的环境,会帮助幼儿获得更好的体验。

专家点评

这个故事充分体现了教师的“用心”和幼儿的“投入”。

教师的“用心”首先体现在环境创设和资源提供上。杜威指出，我们从来不是直接地进行教育，而是间接地通过环境进行教育。可以说，如果幼儿园缺乏环境及其中的各种资源，就不会有真正的幼儿学习活动。《车来啦》故事中，教师充分挖掘幼儿园、家庭、社区中的车辆资源，开展了一系列有趣且有意义的活动，开放的环境、资源让幼儿的活动超越了幼儿园围墙，延伸到园外精彩的世界。故事中还有一点值得我们关注，那就是当教师发现幼儿对“车”有兴趣时，从环境创设入手，师生、家长共同收集、陈列关于车的图片、模型、图书、问题等，并细心地观察幼儿在环境中的互动。此时的环境创设，既满足了幼儿兴趣，也引发了他们进一步的探究欲望，还能让教师进一步了解幼儿，为即将开展的活动提供线索，为教师的准备明确方向。

教师的“用心”其次体现在细心观察、了解幼儿的需要上。观察和了解幼儿是课程的现实基础。故事中，教师关注并分析幼儿的行为、语言、表情、作品等，了解他们的已有经验、兴趣需要和发展可能，发现幼儿在学习方式、兴趣问题等方面的不一样，努力做“有准备的教师”。如不同车辆探究活动的记录表设计有所不同，每一次探究和分享活动的重点也有所不同，教师对不同幼儿学习方式的尊重等，这些都是基于教师对幼儿的观察和了解。

教师的“用心”还体现在关注和品味幼儿的成长上。杜威认为，儿童是教育的起点、中心，更是目的；儿童的发展、生长，就是理想所在。故事中，我们可以清晰地看到，教师有意识地将幼儿的活动及可能获得的经验与《3—6岁儿童学习与发展指南》中的经验相对应，这充分说明教师始终有目标意识、发展意识，这一点特别值得我们学习。

因为教师的“用心”，才能让我们看到故事中幼儿的投入以及他们惊喜的表达和成长，这种惊喜应该就是幼儿送给用心教师的礼物吧。

（南京市太平巷幼儿园　汪　丽）

沙桌诞生记

苏州幼儿师范高等专科学校附属花朵幼儿园　龚　皓

持续时间:2017 年 12 月至 2018 年 1 月

年龄段:中班

缘　起

此次活动是在中班主题活动“幼儿园附近”“大马路”背景下开展的。幼儿在美工坊的沙盘游戏中收集了各种玩具(小汽车、小动物玩偶等),用纸盒做了路灯,用木棍做了标记,在沙盘中创设了大马路、房子等游戏情景。每周一次专用室的活动对幼儿来说是远远不够的,他们希望每天都能在教室里玩沙桌游戏,于是他们想出了利用班级的图书柜布置成沙盘桌游戏角,但是玩着玩着发现沙盘柜的高度和大小并不合适。在与幼儿的交流分享中,幼儿围绕沙盘桌提出了自己的想法,他们觉得可以亲手打造一个互动沙盘桌,“制作沙盘桌”的话题就这样产生了。活动一步步深入,幼儿在制作中产生了一系列的问题,他们思考、探索,不断地努力寻找解决的办法。

在这个故事中,我和幼儿经历了这样几个过程(见图1)。

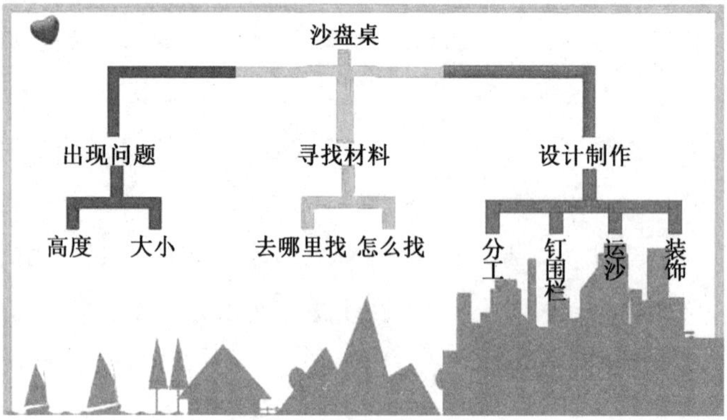

图1　经历过程

在活动的每个环节中，我们始终贯穿以下三个方面的内容。

活动前的预想与讨论	活动中的关键提问	活动后的整理、分析与归纳
活动会发现什么？ 为什么这么想？（依据） 我们可以怎么做？ 需要准备什么？	去哪里找？ 怎么找？ 我们是怎么制作的？	为什么这么做？ 你是怎么想的？ 这次活动你有什么新发现？ 和你原来想的一样吗？为什么？

图2　活动内容

怎样的桌子可以替代沙盘桌

1. 集体讨论

为什么需要新的沙盘桌？孩子们的回答是：原来的沙盘桌太高了，站在楼梯上玩不安全；放沙的地方太小了，好多玩具都放不下；每次只能两个小朋友玩，我们想要和更多的好朋友一起玩。所以，我们需要一个比原来大一些、矮一些的沙盘桌。豆豆说："我们找一个矮一点的大箱子放在地上。"瑶瑶说："可是我们没有这么大的箱子，而且箱子太矮了。"小睿说："那拿筐放在凳子上。"孩子们摇摇头："不行，椅子太小了，筐要倒的。"讨论下来，我们觉得桌子的高度和大小是最合适替代沙盘桌的。

图3　原有的沙盘桌

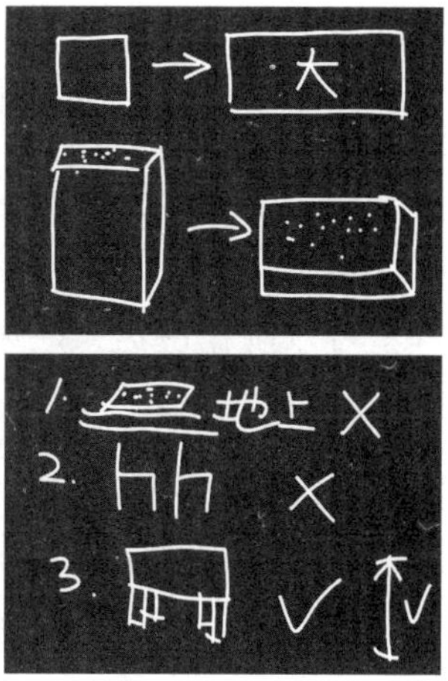

图4　讨论的结果

2. 观察比较

只有一张桌子就够了吗?怎么做沙盘桌呢?沙盘桌到底是怎么样的呢?带着这些问题,我带领孩子们回到专用室去观察比较沙盘桌的外观,他们要知道沙盘桌的高度、宽度。一诺用手臂量了量,小至用塑料管比了比,贝贝说:“这个沙盘桌还有围栏。”他们一边观察比较一边讨论,说:“围栏可以到木工坊去做,那里有我们需要的工具和材料。”我记录下了孩子们讨论的结果。

图5　用手臂量一量

图6　用塑料管比一比

原先的沙盘桌从各个方面来说都不太合适,但是幼儿对沙盘桌是没有任何经验的,更不知道该怎么找到一个适合他们游戏的沙盘桌,所以我在这里给幼儿提供了一些经验上的支持和帮助,带领幼儿收集信息回到专用室观察研究沙盘桌的外观,对沙盘桌有一个完整的认识。幼儿在讨论哪里可以制作沙盘桌时第一个想到了木工坊,木工坊是幼儿园创设的专用室,它不仅仅是幼儿活动的场地,更是重要的课程资源,幼儿在课程中遇到问题时,或者在需要的时候我们都会到专用室中解决。

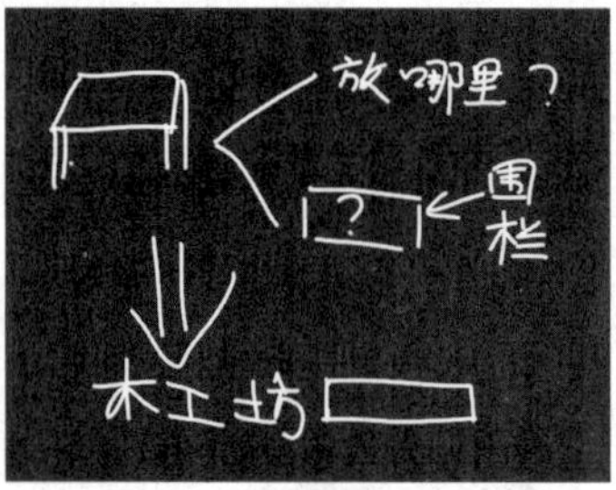

图7　讨论的结果

3. 寻找桌子

(1) 班级里是否还有多余的桌子

接下来,就是要去寻找合适的桌子。到底哪里有呢?孩子们先想到的是在班级里找，但是班级里的桌子都有各自的用途。小凡说："那就去其他班级找一找。"可是找了一圈发现也没有多余的桌子。还能去哪里找呢？我告诉他们："幼儿园有一个专门储存东西的地方，仓库。"

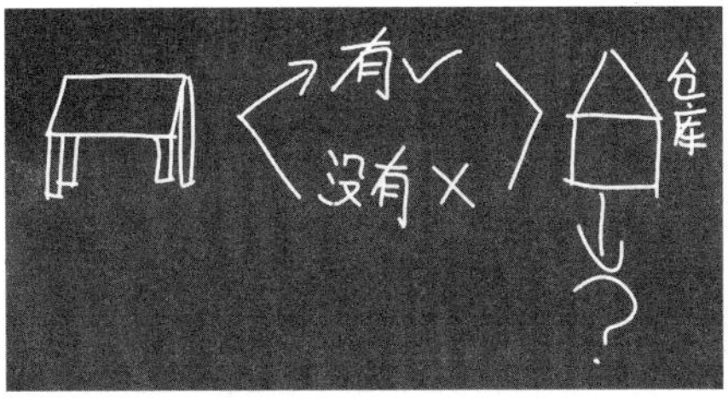

图8　讨论的结果

（2）仓库里有我们需要的桌子

我带孩子们找到了仓库管理员。她带着我们一起来到了仓库，里面果然放着好几张桌子。孩子们都很高兴，但是小翟说："我们要不要量一量，看看跟沙盘桌是不是一样大。"孩子们纷纷对这个提议表示赞同。于是我们量了一下仓库里桌子的高度和大小，非常合适！孩子们终于成功找到了合适的桌子。"耶，我们找到啦！""我们有沙盘桌啦！"有了桌子，我们该怎么搬回去呢？孩子们马上想到了分工合作。这么多人谁来搬呢？瑶瑶说："让力气大的小朋友来搬吧！"小宇和小昊是我们班级的大力士，经常帮忙搬东西。于是几个好朋友一前一后在大家的帮助下将桌子搬到了木工坊。

图9　仓库里果然有几张桌子

图10　把桌子搬到木工坊

（3）回顾寻找沙盘桌的过程

寻找桌子的过程是漫长的，但是孩子们那么投入，当他们收获成功的时候，内心感到无比的喜悦。回到教室，他们把自己寻找沙盘桌的过程画了下来，进行了分享和交流。

图11　寻找沙盘桌的过程

4. 第一次制作沙盘桌

（1）寻找合适的材料

今天，我带着孩子们来到了木工坊，可以动工了。孩子们第一目标就想找木条，皓皓拿了一根特别长的木条问："老师，这根行不行？"馨馨说："你看我这根。"贝贝问："我这根呢？"每个人都在架子上没有目的性的寻找，找到的木条长度不一，花费了很长的时间。"你们都找到合适的木条了吗？"孩子们看着手里的木条非常自信。"你们怎么知道这些木条都是合适的呢？都是可以用的吗？"突然大家都没了声音，苏苏举手说："是不是应该把木条放在桌子上比一比。"亮亮说："木条要和桌子边一样长的。"

活动前，我没有把寻找什么样的木条直接告知幼儿，想让幼儿自主去尝试发现。在科学探究活动中，方法和经验是需要幼儿一步步探索和积累的，如果老师一开始就告诉幼儿用测量工具可以解决问题，那么他们还会有接下来的探索吗？幼儿还会想到需要用什么工具吗？这会让幼儿失去自主学习的机会，而他们应该学会自主、发现、求证，这些品质才是他们最需要的。

（2）测量遇到了问题

①要用什么测量？

②学习使用测量工具。

③知道桌子的长和宽。

图12 探索卷尺上的数字

孩子们提议用绳子来测量木头，这时候苏苏告诉我："老师，木工坊有卷尺的，可以量很长的。"大家对苏苏想到的方法表示认同。这是第二次让他们进行自主探索，但他们也发现了不会用卷尺，上面的密密麻麻的数字根本看不懂，瑶瑶问："这个中间黑的线是什么意思啊？"嘟嘟说："上面的我不会看。"有的孩子会数10、20、30，瑶瑶说："后面我不会。"大家都对我摇起了头："老师，我不会，你帮帮我。"

幼儿有想要使用卷尺进行测量的兴趣，我跟随幼儿的兴趣进行指导，因为测量对中班幼儿来说是有一定难度的。中班幼儿测量水平有限，只能用相对表征的物体进行测量，这对他们来说是一个较大的挑战，所以我和幼儿进行了一次学习，简单学习了测量的方法。

图13 用卷尺测量木头

我拿出卷尺告诉孩子们测量合适木条的长度先要测量桌子的两边长度，在我的帮助下，孩子们记录了桌子长110 cm、宽95 cm，并在卷尺这两个刻度上做了记号，然后再测量木条的长度，找到与桌子长宽最接近的木条。最终每一个孩子都经过了尝试和验证，找到了最为合适的木条。

制作要体现幼儿的分工合作才能使活动更有序。考虑到人数的问题，不能一个班级的幼儿同时进行，所以小组在正式操作前先分配了任务，其中我们采取了小组推选模式——找材料人员、操作人员、整理人员，但具体的任务是在过程中调整分配的。

（3）分工合作尝试制作

①没有长短正好的木条怎么办？木条长了要锯掉，短的木条可以拼接在一起。

孩子们把量好长度的木条先围起来，找到的都是短木条，所以一哥想到了一个办法：可以把两根木条拼起来，把多余的锯掉。他们在多出来的木条的位置上做了标记，锯木头的工作开始了。“老师，这个木条好难锯啊。”圆圆边说边做甩手的动作。“需要找个朋友帮助你吗？”她点点头。瑶瑶举手：“我来，我来。”就这样两个人一起锯才把木条锯断。还有一组男孩子索性把木条拿到旁边的操作桌子上，用我们之前用过的固定木条的工具锯下多出来的一部分。桌子的长边围栏完成了，孩子们似乎有了不少的成就感。

图14　合作锯木条

②测量好的木条为什么还是长了呢？我们没有去掉木条重叠那段的长度。

孩子们钉另外两边的木条时，发现了问题。圆圆说：“明明测量好的木条怎么多出来了呢？”大家陷入了思考。天天说：“是木条长长了吗？”小志说：“是不是刚才量错了？”馨馨突然大喊了起来：“是这里，这里重叠了。把这里锯掉就可以了。”

图15　锯掉重叠的部分

测量好的部分没有去掉木条的宽度，所

以木条有重叠的部分。其实，在幼儿讨论的时候，我意识到了这个问题。测量的时候要去掉木条的宽度这个问题对中班幼儿来说是有难度的，但是我没有第一时间干预和介入，也没有给予指导，是因为我想先观察幼儿如何解决这个问题。事后，我们在年级组课程中分享了这个故事，有老师提出了质疑，对中班幼儿来说测量木条的长宽还要去掉木条的厚度，发现木条会有一部分重叠，是不是太难了，超出了幼儿经验，也是《指南》中没有要求的。但是我们是这样思考的：我认为真正的“指南”和“纲要”是儿童的发展，也是幼儿的已有经验和最近发展区，这个想法在后来幼儿的行为中得到了证实，他们通过操作解决了问题，有挑战但收获了成功。

③一层围栏不够高，怎么办？需要钉两层围栏，沙子才不会漏到外面。

继续开始手里的工作，我给孩子们提出了问题：“你们觉得一层围栏行不行？围栏的高度够不够，沙子会不会漏出来？”瑶瑶说：“太矮了吧。”一哥说：“那就再做一层，像垒高的房子一样一层一层的。围栏高了，我们可以放多一点沙子。”这时再一次寻找木条和锯木条的工作又开始了，这一次寻找的速度比第一次快多了。

图16　一层围栏不够高，要钉两层围栏

幼儿在整个活动中的表现是令人惊喜的，原本以为第一次的制作会遇到多重困难和问题，但是幼儿始终坚持投入到制作中，活动超出了我的预期效果，边引导边学习边尝试这样的形式，幼儿很容易接受，规则意识也很强。第一次制作后，我和幼儿进行了一次分享交流，讨论了测量工具的使用情况(认识了刻度)、比较木条的长短、因为人多出现了分工不明确等问题。

5. 第二次制作沙盘桌

(1) 总结第一次的经验

因为已经有了第一次制作沙盘桌的经验，孩子们一下子就能找到材料，并确定了分工合作的步骤。当宸宸因为木条长度太长不好测量时,请来了同伴帮忙;两根木条拼接的时候，宸宸不断地比较,看木条的长度和大小。这一次孩子们还带来了笔，用来做木条长度的记号。

图17　宸宸请同伴帮忙测量木条

(2) 解决钉钉子的问题

①如何固定两层木条?

②尝试用各种钉子钉木条。

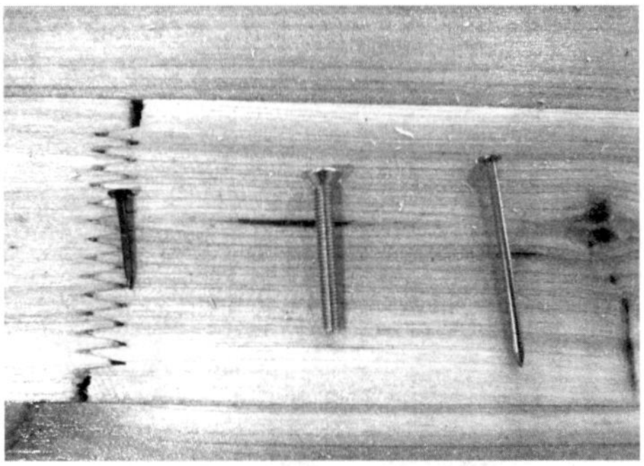

图18　找到的3种钉子

围栏好像没有完全固定,一摇就松动了。这到底是什么原因呢?对这个问题,孩子们陷入了思考。毛毛说:“这样不行的,围栏就不牢了,要再多钉几个钉子。”我请毛毛、瑶瑶、小帆都来钉一下，敲敲打打后，木条的一边还是没有固定住;再请几个孩子试一试,不是钉不进去,就是钉进去了还是没有固定,原来有些钉子是不能固定两层厚的木条的。这一次我请孩子们放下手中的工作,一起来找木工坊有哪几种钉子,哪种钉子可以把两层的木条固定住。我们分别找到了小头的黑色尖头钉、螺丝平头大钉、尖头长钉。毛毛说:“我刚才就是钉的那个黑色的,太短了。”瑶瑶钉了好一会儿,摇摇头说:“这个太大了,钉不进。”瑶瑶拿起螺丝大钉发现它下面是平的，根本钉不进去。最后成功的就是尖头大钉，总算把木条固定住了，大家高兴地拍起手来。这一次制作完成了沙盘桌的围栏。

（3）回顾绘画《成长日记》

幼儿获得的经验有哪些？幼儿是变化的，虽然我们有计划在先，但在实际的过程中出现了各种预想不到的问题。幼儿不断思考和探索出现的问题，想办法解决遇到的困难，并尝试进行论证。这一过程中，幼儿获得了新经验，语言表达能力与思维品质也得到了提升。

教师的支持有哪些？支持幼儿去观察沙盘桌、引导幼儿观察、提供材料进行测量、鼓励幼儿与其他工作人员交往、支持幼儿合作。活动后注重经验的梳理，鼓励幼儿通过绘画《成长日记》回顾过程，沙盘桌的完成给孩子们带来了自信心和成就感。

图19　孩子们绘画的《成长日记》

沙盘桌的沙怎么装进去呢

1. 沙怎么运，用什么工具运

在大家的齐心协力下，沙盘桌围栏完成了，孩子们迫不及待地请老师帮忙把沙盘桌搬进教室，可是沙盘桌里的沙怎么运进来呢？孩子们说：“我们去玩沙池取，用我们的玩沙工具运。”一哥提出了疑问：“我们原来的图书柜里不就有沙吗？能不能把它装进去啊？”“那怎么运呢？太重了。”有的说用盒子运沙；有的说用铲子运沙；有的说把沙子装进袋子，然后把袋子放进沙盘桌，再倒出来。

2. 运沙

一哥用大小不同的铁盒一起装沙，涵涵用铲子挖沙，瑶瑶用塑料勺子运沙，但是孩子们发现这几种运沙的办法速度都特别慢。孩子们尝试使用讨论中提出的第三种方法，几个孩子一起合作用原来图书柜里的泡沫袋把沙一下倒进新的沙盘桌里。

图20　一哥、涵涵、瑶瑶尝试运沙

图21　用泡沫袋装沙倒进沙盘桌

运沙是完成沙盘桌的一个重要部分，也是我们计划内的，问题的出现激发了幼儿自主解决问题的能力，他们愿意去尝试办法，论证办法的实效性。虽然这个尝试的过程比较漫长，但过程中有观察、有发现，最终获得了成功。

幼儿获得的经验有哪些？会使用工具运沙，在过程中比较、选择合适的工具，在装沙中锻炼了手眼协调和坚持合作完成工作的能力。

教师的支持有哪些？拓宽幼儿的思维，使用生活中各种材料，给予幼儿空间和时间尝试，接受幼儿的失败，帮助幼儿在失败中获得解决问题的方法。

沙盘桌放在哪里最合适

沙盘桌完成后，孩子们非常激动，想赶紧把沙盘桌放在合适的地方。第一个想到的就是替换原来的沙盘桌，但是不知道大小是否正好。小宇提议还是量一量，量完后发现正好大小可以放得下，孩子们合力把沙桌搬到了原来的位置。

图22　共同搬运沙盘桌

图23　新的沙盘桌替换了原来的沙盘桌

沙盘桌总是漏沙怎么办

1. 集体讨论

终于可以玩沙盘游戏啦！在一次游戏分享中，孩子们告诉我："这几天地上老是有沙子，还有沙子漏在围栏外面。"这是怎么了呢？"沙子会不会从围栏里漏了？"一哥趴在围栏边来回看，并说："要不要把这个缝贴起来？""怎么贴呢？"一哥

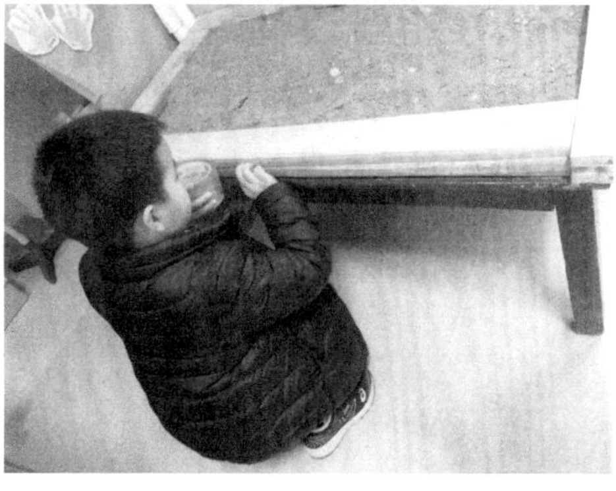

图24　一哥尝试用胶带贴围栏的缝隙

说:“用胶带。”我让他去试一试,可是贴了好一会,前面贴的全都掉了下来,这个方法不可行。瑶瑶说:“用胶枪吧,这个粘得牢。”可是胶枪不安全,这个方法也不可行。

2. 发现围栏不够高,沙容易漏在外面

图25　彣彣和兮兮用纸杯垒在围栏上

彣彣问:“是不是围栏太矮了呢?还要再加高。”兮兮说:“我们可以用班级里的材料来做围栏。”他们用纸杯一个一个的垒在上面,用铁盒子垒在上面,给围栏加高,好像还是不行,中间仍会有缝隙。

3. 再一次加高

(1)寻找新的材料

图26　把薄木板加固在围栏内侧

“我们怎么固定呢?如果用原来的木条再垒高,还是会有缝隙,沙子还是会漏出来啊?”大家经过讨论最后决定,再次到木工坊寻找可以加工的围栏材料。木工坊里有泡沫块、长的厚木条、方形的薄木板等等。我们把这些材料都搬运到教室,用找到的材料试一试、比一比,用泡沫块垒在四个桌子角上,用大的木条往上加高,最后我们的办法是把薄的木板加固在围栏的内侧,保证了沙不会漏在外面。

在这一次制作时,我们对幼儿的活动进行了多次的思考,特别是在材料的选用上拓宽思维,除了木头外也可以尝试使用生活中的自然材料,而用薄木片在里层加高是一次重大的发现,解决了漏沙的问题。这一次的讨论,幼儿提出了很多自己的想法,我们会发现他们的语言表达能力在活动中有了新的提升,能用更为复杂的语句来表述自己的观点,倾听时更认真

和投入,会对别人好的观点给予认可、赞赏,为自己取得的成效感到高兴。

（3）尝试加高

这一次,孩子们决定把木工坊的工具拿到班级来做。他们拿来了榔头、锯子,数好需要的木片数量,先把木片钉上去试一试。有了第一次的经验,他们直接选用了尖头长钉,敲敲打打钉木片,多出来的木片首恩用笔在需要锯断的地方做了一条记号,锯掉多余的部分。终于,我们的沙盘桌里层加高完成了。

图27　沙盘桌里层加高完成

装饰沙盘桌

沙盘桌的游戏还在继续,孩子们还想装饰沙盘桌,怎样让我们的沙盘桌变得更漂亮。画上漂亮的图案、绘画设计图、投票评选出“我最喜欢的设计图”。

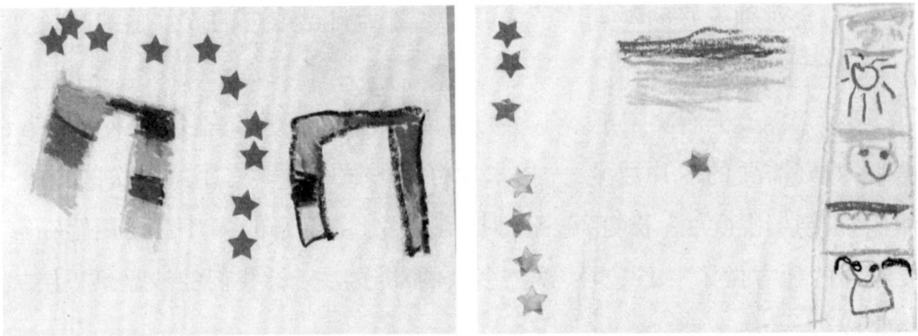

沙盘桌完成了，这一天大家想把桌子装饰下。皓皓说：“这个桌子好像没有我们的图书柜这么好看。”“你有什么好办法能让它变得更漂亮一些吗？”我把这个问题抛给了孩子们，有的说贴点贴纸，有的说刷点颜色。“那你们心目中的沙盘桌可以做什么装饰呢？”接下来，我让每一个孩子都画出自己的设计稿。

图28　大家最喜欢的三张设计稿

瑆瑆说：“我想涂那种格子的颜色，五颜六色的。”

一诺说：“我画了一些线条。”

苏苏说：“我画了一些图案。”

孩子们奇思妙想，有各种设计想法，在一轮各自介绍和投票以后，选出了大家最喜欢的三张设计稿。

我们的感悟

幼儿获得了什么？幼儿在活动中始终保持积极探索的好奇心，敢于提出问题，在与同伴一起思考、设计、制作的过程中获得了解决问题的能力。

老师做了些什么？老师充分尊重了幼儿的意愿，不断观察幼儿在活动中的表现，鼓励幼儿发现问题，集中关注了幼儿在游戏中的认知和学习，并给予多方面的支持，提升幼儿解决问题的能力，引导他们及时记录和梳理，将活动引向更深层次。

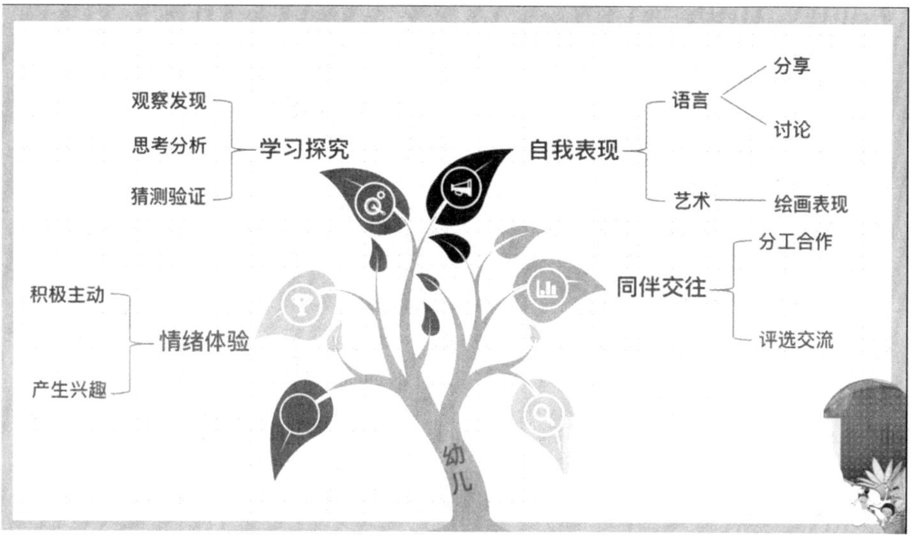

图29　幼儿的收获

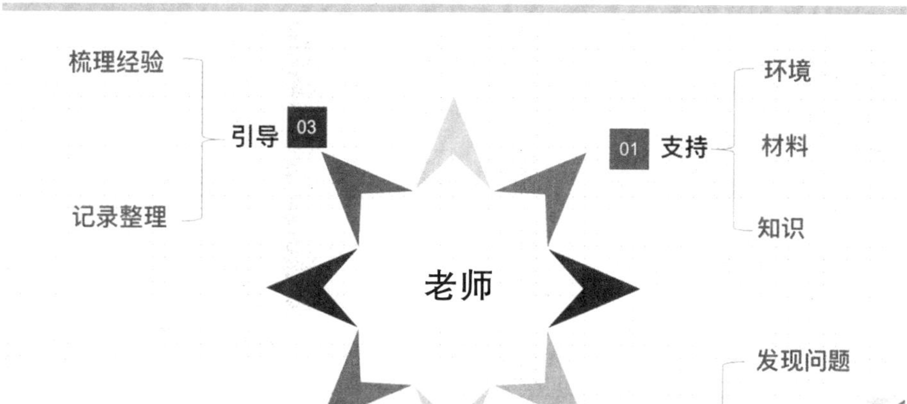

图30　老师的支持

专家点评

这是一个讲述幼儿在沙盘游戏中遇到问题并不断解决问题的故事，故事具有鲜明的儿童本位立场。

“制作沙盘桌”本身源于幼儿在沙盘活动中出现的问题——班级沙盘桌的高度和大小不适合，已不能满足中班幼儿活动的需要。在接下来的制作活动中，幼儿遇到了一系列的问题：可以用什么代替沙盘桌？哪里有适合的桌子？用什么做围栏？没有长度正好的木条怎么做围栏？为什么测量后再锯的木条还是长了呢？一层围栏不够高怎么办？怎么搬运沙子？总是漏沙怎么办？怎样让沙盘桌变得更漂亮……这一系列问题给幼儿带来了做事的机会，他们开始行动，他们讨论、观察、比较、交往、测量、搬运、制作、表达……忙得不亦乐乎。

幼儿在活动中遇到的问题，给他们带来了做事的机会，又在做事的过程中获得了经验的发展，从这个意义上说，问题就是课程，幼儿园课程就是让幼儿解决一系列问题的方案。有些问题是通过自己的努力能够解决的，有些问题是需要教师或其他成人的帮助才能解决的，从这个意义上说，幼儿园课程也可以说是教师、家长协助幼儿发现问题、分析问题和解决问题的过程。

在故事中，我们看到幼儿不断遇到困难，也看到他们尝试后的失败，有些困难和失败的结果是教师在活动前已经预计到的，可贵的是教师并没有预先提出这些问题并加以解决，而是等待幼儿发现问题，等待他们自己解决问题，这种等待对孩子的发展很有意义。这个课程故事充分体现了皮亚杰的主张：儿童是要按照自己的速度“行动”的……儿童独自摸索，看来是浪费了时间，其实恰恰是赢得了时间。

（南京市太平巷幼儿园　汪　丽）

我和斑鸠做邻居

南京小天鹅幼儿园　刘　乐　刘　燕

持续时间:2017 年 2 月至 2017 年 4 月

年龄段:中班

窗外的新发现

2017 年 2 月 27 日,开学后的第二周,几个孩子在区角游戏时,发现窗外的树枝在不停地摇动着。于是他们跑到窗口一探究竟, 彤彤欢呼雀跃地喊起来:“快看,树上站着两只鸟哎! ”旁边的好好说:“是呀,是呀,还有一个鸟窝呢! 小鸟在我们这里安家喽! ”大家顺着她们手指的方向看去,果然如此。沐颖开心地说:“小鸟跟我们做邻居! ”

图1　鸟窝

1. 大家的猜测

来到窗边的我们,给孩子们竖起了大拇指,夸赞孩子们敏锐的观察力。孟想疑惑地问大家:“这是什么鸟呢? ”笑笑说:“麻雀。”小花说:“啄木鸟。”阳阳说:“喜鹊。”孩子们猜出了很多答案,其实我们老师也根据这两只鸟的特征,猜测了一下,有可能是斑鸠。考虑到孩子们如此积极,这也是支持他们利用自然和实际生活进行科学探究的好机会,于是我们将问题留给了孩子们,鼓励他们在探究的过程中积极寻找“小鸟是谁”的答案,解决自己的问题。

2. 观察中遇到的困难

2月28日和3月1日，伴随孩子们的观察，大家欣喜地发现，鸟妈妈在窗外的鸟窝里生下了两枚小小的蛋宝宝。但孩子们的研究遇到了困难：他们个头矮，从自身的视角很难观察到鸟窝里的具体情况。于是，我们在班级里开展了解决方法的讨论。讨论结果是：如果在鸟窝旁安装监控设备，会更便于孩子们观察。于是我们寻求园部领导的帮助，园长充分认可了我们追随幼儿兴趣开展的班本活动，另一方面还大力支持，安排了专人来到班级查看。在准备安装监控设备时，我们又一次遇到了困难：电线需要重新排线、安装，可鸟妈妈是孵蛋期，如果动静太大，一旦受到惊吓很可能会弃巢而去，因此监控设备无法安装。最后，园部为我们提供了 Pad 和摄像机，老师作为孩子们研究的支持者和合作者，及时帮助孩子们拍摄无法清晰观察到的画面，供他们进行观察研究，同时也将设备提供给孩子们自主操作和使用。

图2　鸟窝里的两枚蛋

3. 家园合作

当我们把拍摄到的鸟和鸟蛋的图片、录像与孩子们分享时，他们兴奋得像炸了锅。西西说："鸟妈妈的身上是灰色的，头圆圆的像个葡萄一样。"

瑶瑶说：“鸟妈妈的背上是褐色的，下半部分有蓝灰色。”月月说：“鸟妈妈的颈子上面有白色的小斑点，像戴了个围巾一样。”商田问：“那它们到底是谁啊？谁的鸟蛋啊？”思月说：“我们能不能把录像发给爸爸妈妈啊？”小七说：“对！我们可以请爸爸妈妈帮帮我们，看看这是谁的蛋。”经过大家的讨论，我们将孩子们描述的两只鸟的特点以及鸟和蛋的照片、录像都发到了班级群里，家长们也和孩子们一样兴致勃勃，展开了热烈的讨论，大家积极猜测，有的说是喜鹊，有的说是燕子，还有的说是野鸽子。在家园一致的意愿下，带着无限的好奇和期待，我们正式进入到新班本的活动中，家长们也积极记录下孩子看视频时的想法和稚趣表达，在班级予以分享，孩子们轮流用自己喜欢的方式观察、记录小鸟，在活动中为“鸟妈妈是谁”收集更多的线索，寻找答案。

图3　班级微信群里的讨论

观察角的那些事

每天区域活动时，孩子们用自己喜欢的方式去观察小鸟，这种研究的方式也成为每天区域活动中的常态。孩子们自由地用自己喜欢的方式在活动中为“鸟妈妈是谁”收集答案，但在记录中，一些孩子只顾自己观察，会时常出现相互干扰、告状的情况，面对小纠纷，大家决定展开讨论，设置一个专门观察鸟的区域。

1. 我观察我记录

孩子们在观察的时候，我们用相机捕捉下孩子们的观察状态，如：拥挤、争抢场地和观察工具等等。于是我们将这些情况反馈出来，集体进行讨论：我们可以用哪些好的方式方法，更好地进行观察？

孩子们看到照片，也为自己遇到的问题寻找答案。湘婕说：“我们站在窗前悄悄地观察，不能推挤。”小美说：“我们观察的小朋友可以用 Pad 拍照，然后给大家分组观察。”珍珍说：“我们还可以翻看老师用摄像机、手机拍下的鸟妈妈视频或照片。”老师说：“除了利用这些探究工具，老师还为你们每人准备了一本观察记录本，你们可以用画图等记录方式保留和积累有趣的探索与发现。”孟想说：“那

图4　我观察我记录

我们可以把自己的观察记录本带回家和爸爸妈妈一起分享，让他们和我们一起来研究鸟妈妈和鸟蛋宝宝啦！”接着，在我们的帮助下，孩子们还特意在靠近窗口的柱子上，制作张贴出了“我观察我记录”的区角牌，这块空间成了大家的观察角，时刻提醒着自己也提醒着别人，观察可以有很多种方法。

2. 我们的答案

通过几天的细致观察，我们支持和鼓励孩子们大胆寻找答案并设法验证。同时爸爸妈妈借助网络和书本等途径，查找资料，最后得出，原来鸟妈妈的名字叫“珠颈斑鸠”，它是中国东部和南部最为常见的野生鸽形目鸟类，它们栖息于有稀疏树木生长的平原、草地、低山丘陵和农田地带，因为和鸽子大小相似，所以俗称“野鸽子”，最引人注意的是它的颈部两侧为黑色，密布白色斑点，像许许多多的珍珠散落在颈部，这是它最为显著的特征，因而得名“珠颈斑鸠”。

3. 观察斑鸠的规则

区域游戏、自主活动时，孩子们好奇“斑鸠妈妈在做什么”。有的搬来椅子站得高高的想离斑鸠更近一点；有的一边喊着斑鸠妈妈，一边对它挥手；还有的孩子发现斑鸠妈妈坐立不安，着急地说：“我们这样，会把斑鸠妈妈吓跑的。”看到孩子们的表现，我们觉得这是支持幼儿与同伴合作探究与分享交流、帮助他们回顾自己在探究过程中做了什么、怎么做的，会有什么样的结果，从而对自己的探究方式方法进行整理、总结和调整的好机会。

“到底该怎样有序地观察斑鸠，不会惊动到它们呢？”我们把这个问题抛给了孩子。于是，孩子们开始了热烈的讨论，我们把每一个孩子的想法都记录下来，并将孩子的想法进行整理与分类。孩子们的想法主要有两大类，第一类是借助工具悄悄地进行观察。第二类是要注意自己观察时的言、行，规则包括：①用相机悄悄拍下来观察；②脚步轻轻不吵闹；③不要把头和手伸出窗外抓小鸟；④不要总盯着小鸟看。孩子们还设计了与规则对应的图标，个别细心的孩子说：“爸爸妈妈可能看不懂我们的图标，要是有文字就能更好地提醒他们了。”我们一想，自从进入到班本活动后，确实有很多家长会在接送孩子的时候跑到窗前观望，所以我们支持了孩子们这个好想法，共同制作了“观察斑鸠的规则”牌并将规则贴在观察角醒目的位置。

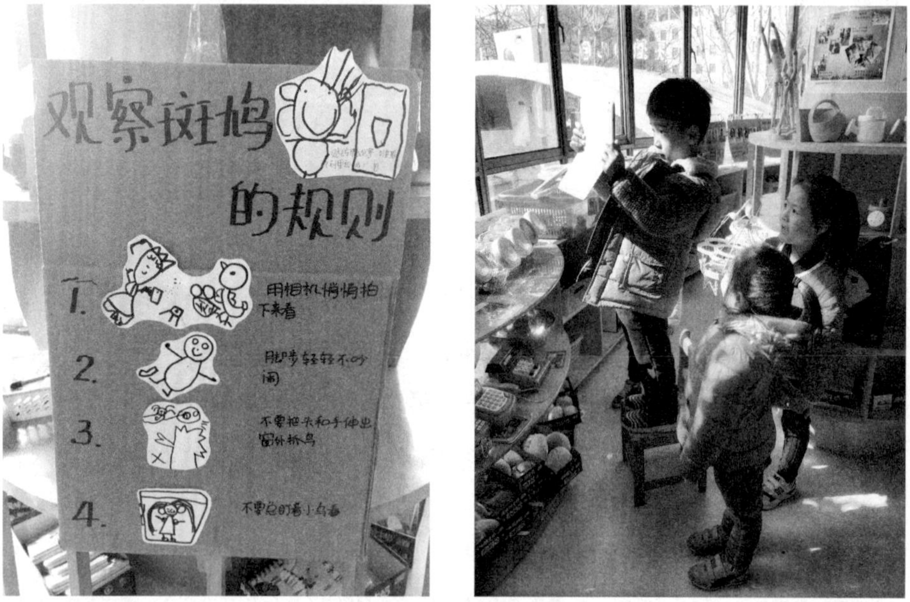

图5 观察斑鸠的规则

4. 致远的惊喜妙招

孩子们按照规则观察了几天，总会有孩子跑来跟我们“汇报”：“老师老师，怎么我每次悄悄观察鸟妈妈，感觉它还是很害怕的样子啊？”“是不是鸟妈妈害怕看到我们这样看它啊？”孩子们很细心地注意到斑鸠妈妈的状态，并萌生出关心、体贴、爱护鸟类的情感，体现出孩子们与自然、与动物之间相互关爱和尊重的良好关系。我们告诉他们：“鸟类在孵蛋的时候很警觉，也很容易受到惊吓，所以我们必须要注意自己的动静。想一想，我们有没有好办法，既能观察到斑鸠妈妈，又能让它不害怕呢？”

很多孩子都说：“我们悄悄的。”还有的说：“等斑鸠妈妈睡着再去观察它。”致远小朋友则在讨论中想到了一个惊喜妙招：“我们可以在玻璃窗上贴上汽车膜呀，这样里面看见外面，外面看不见里面，斑鸠一家就不会害怕啦。”孩子们听到致远这个好办法，都好激动啊，好几个孩子都说：“对呀对呀,我坐在爸爸的汽车里能看见外面,可外面的人是看不见我的。”“致远,你真棒!”我们觉得,孩子们在讨论中迁移到了自己生活中有益的直接经验和感性认识非常好。那如何帮助他们尽快实现这个好想法呢?于是,我们立刻把致远的妙招发到班级群里,家长们纷纷夸赞孩子们真是太爱动脑筋了,嘉恩妈妈还热情地说:“我们家有汽车膜,明天就带来。”第二天,在老师的帮助下,我们实现了致远的这个好想法。

图6　嘉恩带来的汽车贴膜

图7　致远的好主意

我给斑鸠投美食

孩子们发现,斑鸠一直待在窝里,既不飞走也不吃食,于是开始了“斑鸠吃什么”的研究。熙熙说:“我们一直在观察斑鸠,可是从来没看到斑鸠吃饭呢!它一直坐在窝里孵蛋,不饿吗?”语墨说:“应该是要照顾蛋宝宝,要孵蛋所以不能离开吧。”好好说:“也不知道斑鸠吃什么,不然可以放一点食物在斑鸠妈妈旁边,这样它不用飞远就能吃到了。”……孩子们你一言我一语,开始了“斑鸠吃什么”的新话题。

1. 第一次投食

斑鸠到底喜欢吃什么呢? 如果我们直接告诉孩子,就剥夺了他们探索发现的机会。于是我们本着“善于发现和保护幼儿的好奇心,充分利用自然和实际生活机会,引导幼儿通过观察、比较、操作、实验等方法,学习发现问题、分析问题和解决问题”的原则，激发幼儿探究兴趣，充分体验探究过程，发展初步探究能力，主动建构探究经验的契机，由此第一次投食活动开始了。

阳阳说：“我家的鹦鹉喜欢吃瓜子，鹦鹉和斑鸠都是鸟，应该都爱吃瓜子吧。”致远说：“我觉得斑鸠应该喜欢吃植物的种子。”安安说：“斑鸠喜欢吃豆子和米。”…… “那我们怎么才能知道斑鸠爱吃什么呢？你们说的这些，在哪里能够找到呢？”孩子们听到老师的提问，首先想到了幼儿园里有着各种各样美食的“生活馆”。他们来到幼儿园的生活馆，请教了生活馆里的应老师，认识了各种各样的粗粮。孩子们还从生活馆收集了一盒粗粮，放在窗口，两天过去，看着依旧满满的粗粮，他们很疑惑：“刘老师，我怎么没看见斑鸠来吃食物啊？”“斑鸠到底吃了没有？”面对孩子们的疑惑，我们倾听了他们的想法，鼓励他们继续思考，解决如何清晰了解“斑鸠是否吃食，吃了什么，吃了多少”等问题。

2. 第二次投食

孩子们经过协商，致远说：“有这么多种粮食，每种放一点，就会很多，放在一起，还是看不出来有没有被吃掉啊。”安安想到一个好办法：“我们把每种食物分开来放，每种放一点点，这样不就好了？”安安的方法确实可行，但是需要便于孩子们分类的容器。阳阳突然想到，说：“可以用我们数学课上使用的分类盒。”

孩子们调整了第二次投食：①先将粗粮分类；②再将每种粗粮的数量减少至十粒，利用分类盒分类盛放；③每天点数、计算、统计出粗粮被吃掉的情况。

我们则继续为孩子们提供更多粗粮，支持他们将“斑鸠爱吃什么”的研究进行下去。商田说：“我们少放一点粮食应该就能发现有没有被斑鸠吃掉了。”

接下来的几天，孩子们每天坚持观察分类盒里剩余的食物并把喂食活动的发现和收获都记录在自己的观察记录本上。每天一边做记录，数出被斑鸠吃掉的食物，一边继续按照每种食物十颗为斑鸠投放食物。几天过去，孩子们数了分类盒里的豆子，黄豆少了两颗 ，小米十粒都没有了，原来斑鸠最爱吃的是黄豆和小米。

3. 投食活动的收获

善良的孩子们希望为斑鸠投放食物，想让刚刚当上妈妈的斑鸠不用饿着肚子孵化小鸟，也不用飞很远就能吃到美味。他们在不知不觉中用科学实验的方式研究食物的数量控制、科学观察和记录；用数数比较物体的多少……孩子们在研究“斑鸠喜欢吃的食物”的过程中，通过实际操作理解了数与数之间的关系，学会了简单的调查收集信息，养成了受益终身的学习态度和能力。

图8 观察斑鸠喜欢吃的食物

孩子们通过四周的投放观察，他们发现原来斑鸠也爱吃瓜子仁、绿豆和红豆。白色的芸豆它们不吃，孩子们猜想是因为芸豆太大了，斑鸠嘴小没法吃，就把芸豆换成了小麦，最后小麦也成了斑鸠的美味。

关于斑鸠的新发现

连续几天的阴雨天气，两只斑鸠有好几天都没有出现，孩子们失落地说：“鸟窝里还有两个蛋宝宝呢，斑鸠爸爸妈妈怎么都不回来了呀？”这期间孩子们非常担心，简直感觉就像自己在孵蛋一样，斑鸠去觅食、躲雨离开，孩子们担心蛋会不会变冷了，下雨窝里湿了又怕斑鸠被雨淋了。

1. 会避雨的斑鸠

其实老师的心情和孩子们一样焦急，私下里我们还在商量，如果斑鸠爸爸妈妈真的弃巢了，怎么办？我们还考虑要不要从网上购买一台孵蛋器回来，但是我们想到，孩子在与大自然接触、探究中，肯定会遇到很多问题，我们应该鼓励他们尝试推理和分析，发现事物之间的关联。于是，我们安慰孩子：“前段时间，大家观察斑鸠的动静那么大，斑鸠受到惊吓都没离开，那想一想，这次它们会因为什么原因离开呢？”“嗯，我感觉最近一直在下雨，天气太冷了，斑鸠爸爸妈妈是不是去躲雨了啊?”“肯定是因为下雨了,之前天那么冷,斑鸠也没有离开啊。”“对哦对哦,说不定不下雨了它们就回来了呢!”大家的讨论让刚才情绪低落的孩子们仿佛看到了希望,他们又恢复到平日的观察状态中,同时关注着天气预报,期盼着天气快快转晴,斑鸠们快快回归。

两天过去,终于迎来了阳光灿烂的日子。“斑鸠回来啦!”当观察到的孩子把这个好消息告诉大家时,孩子们都说:“斑鸠真的回来了,看来它们是去避雨去了。”在观察中,孩子们还发现每次一只斑鸠回来,另一只正在孵蛋的斑鸠就会飞走,这是为什么呢?孩子们总结:孵蛋时期会有两只斑鸠同时都不在场的情况,也有一只孵蛋,另一只就会出去找食吃,轮流孵蛋的情况。

2. 孵蛋斑鸠的“转圈舞”

孩子们在观察中,通过照片、记录的图片,惊奇地发现斑鸠孵蛋时会转向不同的方向,这样的“孵蛋舞”是按照逆时针方向旋转身体进行的。孩子们都说:“斑鸠孵蛋的时候还能转圈,真是太聪明啦!”孩子们根据观察结果总结记录下答案,通过自己的观察活动,记录到前所未有的斑鸠孵蛋转圈知识,我们对孩子们的观察能力和探究能力给予了大力的认可和赞赏。孩子们还把记录和问题带回家和爸爸妈妈推测得出:斑鸠孵蛋时的“转圈舞”是为了让蛋均匀受热,这样更利于小斑鸠的孵化出壳。

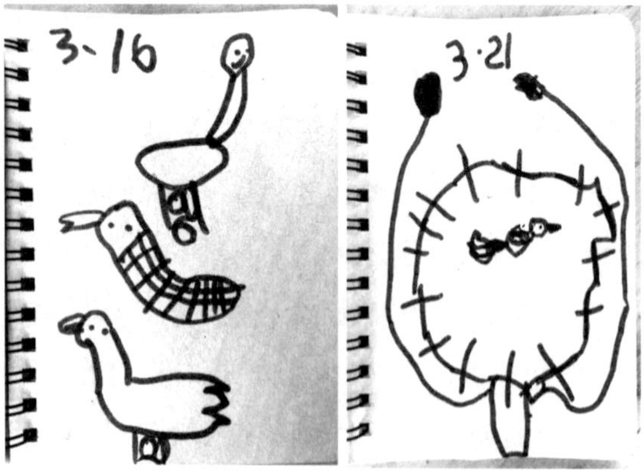

图9 斑鸠孵蛋时的“转圈舞”

斑鸠宝宝出壳记

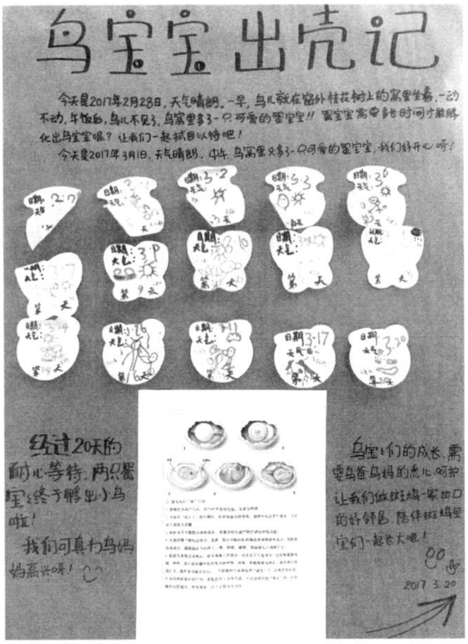

图10 “鸟宝宝出壳记”展板

我们发现孩子们特别期待小斑鸠的破壳而出，他们总是在讨论有关“斑鸠宝宝什么时候才能出壳”的话题，轮流在观察角里充当小小观察员。为了给孩子们的研究提供有效的支持，便于他们的观察记录更直观地展示，我们特意为孩子们制作了“鸟宝宝出壳记”的展板。孩子们通过小组协商，每天轮流负责，由当天值日的小观察员把自己的观察记录单贴到展板上。

孩子们的记录内容包括：日期、天气、斑鸠妈妈的孵化状态和孵化的天数。每当有新的记录贴在展板上，孩子们都会看看小观察员的记录是不是和自己的一样；还有一些孩子会用点数的方法，从第一天的记录单数到当天，计算出鸟妈妈已经孵化了多久。他们都说：“我们要从蛋宝宝出生一直记录到斑鸠宝宝破壳的那一天。”

1. 17天后的惊喜

3 月 17 日，孩子们有了意外的惊喜。经历了 17 天的漫长等待，第一只斑鸠宝宝从蛋壳里出生了，孩子们惊喜地在斑鸠妈妈身下发现了鸟宝宝时隐时现的小脑袋。3 月 20 日左右，我们又迎来了第二只小斑鸠宝宝。两个宝宝终于全部破壳而出。斑鸠爸爸、妈妈会挺起胸膛，把自己撑得像吹鼓的气球一般，好让小斑鸠能够在他们的身下得到保护，安全长大。

斑鸠爸爸、妈妈每天都会出去觅食，将小斑鸠独自留在窝里。之后，斑鸠爸爸、妈妈每天离开得时间越来越长，中午、下午都会出去，每次从走开一会儿，到一个小时、两小时。这段时间里我们可以近距离地观察小斑鸠，我们发现，它们大部分时间都是挤在窝里呼呼大睡，等待着斑鸠爸爸、妈妈回来给它们喂食。

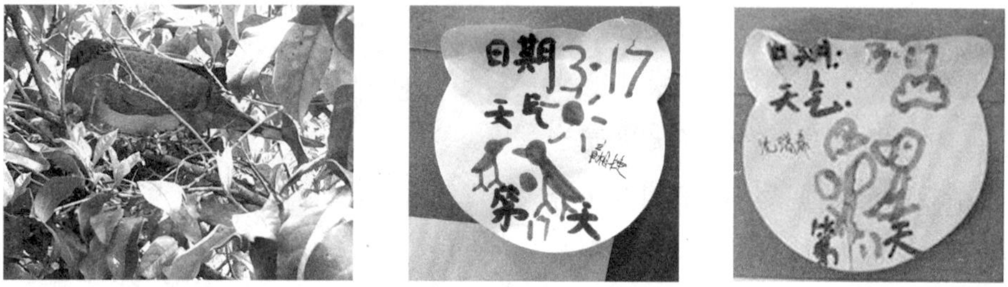

图11 “鸟宝宝出壳记”记录

2. 鸟宝宝成长记

随着两只小斑鸠全部出壳，“鸟宝宝出壳记”的记录完成，孩子们看着满满一面的记录单，特有成就感：“一共有 17 张记录单，斑鸠妈妈孵化了 17 天哦！”这些小小的记录单帮助孩子们准确地记录和计算出了斑鸠宝宝孵化的时间。孩子们纷纷表示：“小斑鸠出壳了，我们还要看看小斑鸠是怎么长大的呢！”孩子们的观察兴趣点自然进入到斑鸠宝宝的生长过程，他们又开始了“鸟宝宝成长记”的记录。

图12 “鸟宝宝成长记”记录

雨中的斑鸠妈妈

一连下了四天的雨。周一入园，孩子们发现，浑身湿透的斑鸠妈妈顶着大雨一动不动地坐在窝里。孟想说："这几天一直在下雨，斑鸠爸爸妈妈得有多冷呀。"沐颖说："是呀，之前它们孵蛋的时候，下雨天会飞走，现在有了斑鸠宝宝，它们要保护宝宝，为宝宝遮风避雨呢。"

1. 不再避雨的斑鸠妈妈

在斑鸠孵化蛋宝宝的时候，孩子们通过观察，发现斑鸠在孵蛋的时候，遇到雨天会有离开避雨的经验。自从斑鸠宝宝孵化出来，虽然下雨了，天很冷，但斑鸠妈妈为什么不离开鸟窝出去避雨呢？围绕这个问题，孩子们展开了讨论。

安安说："因为刚出生的小斑鸠宝宝怕冷，斑鸠妈妈要照顾好它。"默涵说："斑鸠妈妈担心如果它离开，会有坏人把宝宝偷走。"孟想说："如果它离开了，斑鸠宝宝淋湿了会生病的。"商田说："斑鸠妈妈飞出去了，斑鸠宝宝不知道怎么生活，可能会掉下窝去，就会摔死。"孩子们围绕着自己的观察，有感而发："斑鸠爸爸、妈妈为了宝宝就会变得很勇敢啊！"同时，小小观察员们还发现斑鸠妈妈的身体变高了，它的头还一直低着，他们猜测可能是因为斑鸠宝宝长大了，斑鸠妈妈怕压到它们，同时有意抬高自己的身体，为小斑鸠们遮风挡雨。低下头是因为他们太喜欢自己的宝贝了，所以一直关注着自己的宝贝。

听到孩子们的话，我们感觉通过这段时间的观察，他们变得细心了，他们学着换位思考去理解斑鸠爸爸妈妈的行为，去体会斑鸠父母养育后代的不易。

2. 感受养育之爱，感恩父母

看到孩子们观察分析得这么透彻，我们追问："你觉得它们是怎样的父母呢？"致远说："天不怕地不怕的爸爸妈妈。"月月说："很温暖的妈妈。"湘婕说："很会照顾宝宝的妈妈。"家恩说："能防雨的妈妈。"好好说："很贴心的妈妈。"在谈论中很多小朋友都不由自主想到了自己的爸爸妈妈，想到了爸爸妈妈关爱他们的点点滴滴。泺颜说："上次下大雨，只有一把伞，我爸爸把伞都打到了我的身上，他的衣服都淋湿了。"伊伊说："每次生病，妈妈都会整夜不睡陪着我，妈妈真辛苦。”可是，彤彤却说：“我爸爸可凶了，我犯错误的时候他还会打我呢。”其他有的孩子也跟着说：“是呀，我做错事的时候我爸妈也会打我。”听到孩子们的话，我们也感同身受地说：“是呀，我们也是从你们这个年纪长大的，我们小的时候做错事也会被爸爸妈妈揍哦，但是等我们长大了，才真正明白了爸爸妈妈的良苦用心，他们都是为我们好呢！”怡怡说：“我有次把手伸进插座的小孔里，爸爸打了我的手，爸爸告诉我，插孔有电很危险，我知道爸爸打我是因为爱我关心我，怕我受伤。”甜甜说：“是呀，我平常犯了错误，爸爸妈妈会像狮子一样凶，可是当我听话的时候，他们就会变得向泰迪熊一样温柔可亲。”孩子们说了很多父母抚育自己成长的经历，这也让他们更理解和体会到了父爱与母爱。

接着，我们又给孩子们提了新问题：“爸爸妈妈这么爱我们，为我们付出那么多，我们能为他们做些什么呢？”有的说：“爸爸妈妈下班回家我给他们拿拖鞋。”有的说：“爸爸累了我给他捶捶背。”有的说：“我可以帮妈妈洗洗脚。”孩子们说出了自己的心里话，回到家，他们带着真挚的心，做自己力所能及的事情，感恩家人。

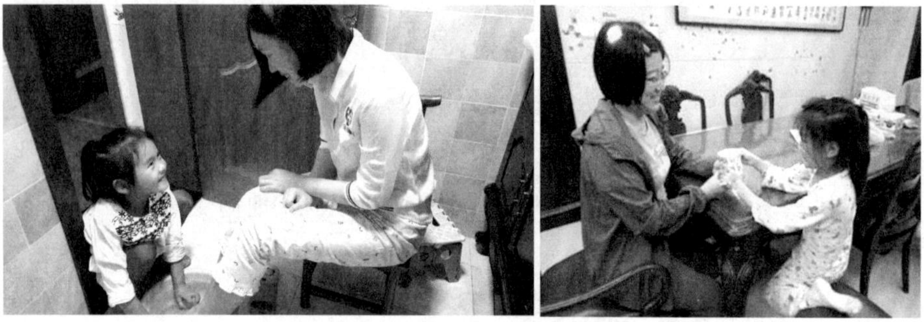

图13　为妈妈洗脚、给妈妈端茶

3. 我为斑鸠撑把伞

（1）第一次撑伞

雨一直在下着，丝毫没有停下来的迹象。孩子们更加担心雨中的斑鸠一家了，他们很想为斑鸠挡一挡风雨。瑶瑶问：“老师，我们可不可以帮斑鸠撑把伞呢？”熙熙说：“不行吧，这样会吓到斑鸠的。”可晨说：“如果斑鸠一直淋雨，它生病了会死掉的，那斑鸠宝宝怎么活呀？”月月说：“我们和斑鸠相处了这么久，它应该认识我们的吧？”小七说：“是呀，我们还每天给它送好吃的呢，它一定知道我们不会伤害它，我们试试吧。”

孩子们雨越下越大，孩子们的愿望很迫切。我们不愿辜负孩子们的美好愿望，直接拿来一把橘色的雨伞，在老师的帮助下小心翼翼地把伞撑了出去。可斑鸠妈妈突然害怕地飞走了，这下可把我们急坏了。有的孩子说：“我们也没有要去抓它们呀，为什么要飞走呢？”有的孩子说：“是不是它们被橘色的伞吓跑了呀？”有的孩子说：“要是撑把绿色的伞就跟树叶的颜色一样了，斑鸠以为是树叶，应该就不会怕了吧。”还有一个孩子说：“窝里还有两只小斑鸠呢，斑鸠妈妈看不到橘色的伞，应该就会回来了。”听到孩子们的分析，我们也觉得很有道理，趁着斑鸠妈妈不在，我们赶紧收回了橘色的伞。

（2）第二次撑伞

没想到，橘色的伞一收，斑鸠妈妈很快就回到了鸟窝里。窗外的雨越下越大，我们又赶紧找来绿色的伞，孩子们趴在窗口用柔和的声音轻轻地对斑鸠说：“斑鸠妈妈你别害怕，我们是来帮你撑伞的！撑好伞，你和斑鸠宝宝都不用淋雨啦！”我们小心翼翼地将伞稳稳地搭在鸟窝上方的树枝上，这一次，斑鸠妈妈似乎理解了我们的善意，它没有飞走，而是安心地留在窝里继续照顾它的宝宝们。看着斑鸠一家终于不再淋雨了，孩子们和我们都开心

图14　第二次撑伞

极了。后来，我们还惊喜地发现，虽然外面还下着雨，因为有了雨伞的保护，斑鸠妈妈居然放心地把小斑鸠宝宝留在窝里睡觉，自己出去找食了。

4. 我为斑鸠写首诗——《雨中的斑鸠妈妈》

区域游戏时孩子们的拼画中出现了小鸟的形象。他们有了对雨中斑鸠妈妈的认识，还自发用磁贴拼画，表征出雨中斑鸠妈妈的形象。孩子们说："风再大，雨再大，斑鸠妈妈不会离开家。"观察记录本中也有对"雨中斑鸠妈妈"的记录。

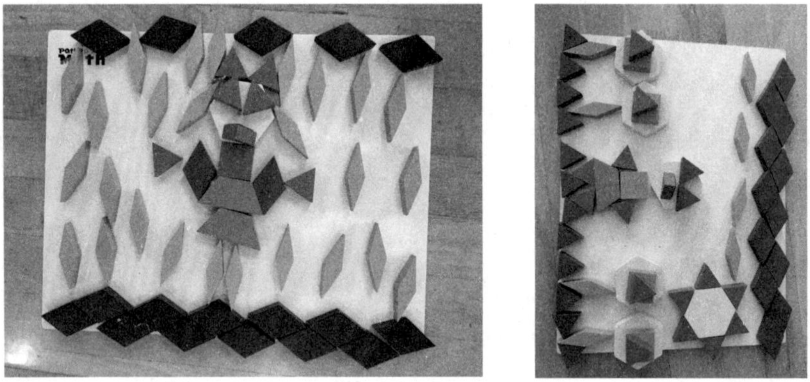

图15　磁贴拼画

孩子们在磁贴拼画的过程中边拼边说出这么富有诗意的句子，我们想，何不鼓励孩子们尝试创编一首关于雨中斑鸠妈妈的诗歌呢？孩子们用比较直白稚嫩的话语表述出他们看到的一幕幕场景；有的孩子急于表达而描述得不够清楚的时候，我们提醒他们不要着急，可以借助班级的观察记录展板和自己的观察记录本，理清思路，清晰表达。

图16　观察记录本中的"雨中斑鸠妈妈"

在活动中，我们将孩子们的话记录下来，并念给他们听。孩子们按照他们观察的顺序，归纳整理出完整的诗歌——《雨中的斑鸠妈妈》。

沙沙沙沙，下春雨啦，斑鸠宝宝出壳啦！

斑鸠妈妈，抱着宝宝，一动不动坐在鸟巢，

妈妈妈妈，风大雨大，淋湿衣服怎么办呀？

宝贝宝贝，不要害怕，妈妈为了保护你不会离开家，

哪里有幸福哪里就有妈妈。

虽然孩子们的这些语言非常稚拙，但是反映出了中班孩子们最最真切的感情。当孩子们把诗歌念给自己爸爸妈妈听的时候，很多妈妈都感动得热泪盈眶。

5. 有趣的羽毛涉水实验

孩子们看到雨中的斑鸠妈妈为了给小斑鸠们遮风避雨，都深深为之感动。小七说：“雨那么大，感觉斑鸠妈妈浑身都湿透了，它一定很冷吧。”甜甜说：“是的，斑鸠妈妈的羽毛都湿了。”安安说：“真想给斑鸠妈妈做一件雨衣呀。”彤彤说：“爸爸告诉我，羽毛其实就像雨衣一样是可以防水的。”点点说：“对的，有一天下小雨，有一只鸟停在树上，我看见它把身体轻轻一抖，雨水就被它抖掉了。”其他孩子都疑惑地说：“羽毛可以防水啊？”天天说：“可是，我们看到的斑鸠妈妈确实是浑身都湿透了呀，它的羽毛怎么没能防水呢？”

孩子们根据自己的观察，提出了值得继续探究的问题，开始讨论与新事物有关的新问题。面对孩子们的疑惑，我们决定支持和鼓励孩子们在探究的过程中积极动手动脑寻找答案或解决问题。于是老师向孩子们提出了有探究意义并能激发幼儿兴趣的问题：“怎样才能知道鸟的羽毛能不能防水呢？”

孩子们思考后给出了回应，有的说：“我们可以找一些羽毛来把它放在水里，看看会不会湿。”还有的说：“我们可以找一个羽毛球来，用水淋，看看会不会淋湿。”孩子们想到了各种各样的探究方法，我们决定支持、引导孩子们学习用适宜的方法探究和解决问题，或为自己的想法收集证据。

第二天，孩子们带来了自己收集到的材料，有羽毛、羽毛球、羽毛扇子等等。有的孩子们用滴管朝羽毛扇子上滴水，发现水滴会顺着扇子滑下，而扇子并没有湿；有的孩子将羽毛球放在水里，拿出来甩一下，羽毛球就变成干的了；还有的孩子将羽毛放在水龙头下面，一直用水冲它，羽毛最后都湿了。

图17　羽毛涉水实验

孩子们通过自己的实验，得出了结论：①羽毛具有一定的防水功能；②在雨小的时候，抖一抖羽毛，羽毛会变干；③在雨很大的情况下，羽毛会被完全淋透。

观察小斑鸠

1. 勇敢的小斑鸠

孩子们一边进行着各种有趣的观察活动，一边陪伴着小斑鸠一天天的长大。3 月 21 日，两只满身绒毛的小斑鸠已经把鸟窝挤得满满的了，新长出的羽毛越来越像父母，个子也越来越大，睡觉时两个小家伙相互依偎取暖，斑鸠爸爸妈妈离开时间更长了。

孩子们说："小斑鸠长得可真快，肯定是因为它们长大了，吃得也多了，爸爸妈妈要一起出去找食物才够它们吃。"还有的小朋友说："小斑鸠睡觉的样子真可爱啊，我们把它拍下来给爸爸妈妈也看看，那多有意思啊！"我们趁着斑鸠爸爸妈妈都不在，悄悄地拿着摄像机慢慢靠近小斑鸠们进行拍摄。后来，或许是我们的拍摄惊动了它们，它们睁开眼睛发现不是爸爸妈妈，误以为我们的摄像机是危险的东西，于是一起用嘴巴发起攻击。我们的摄像机恰巧拍下了这一幕。孩子们欣喜地看着录像，彤彤小朋友说："别看它们才出生没多久，可是非常勇敢的小生命哦！"

2. 小斑鸠的进食

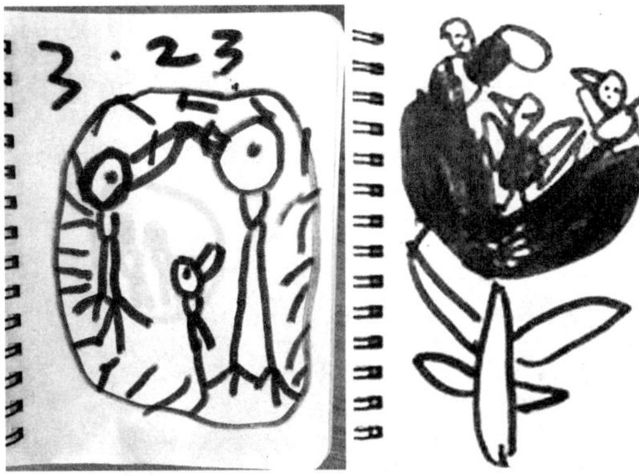

图18 记录本上记录下的“小斑鸠轮流吃食”

斑鸠爸爸妈妈回来了，孩子们发现小斑鸠们会从爸爸妈妈的嘴巴里吃食物。他们观察到每次只有一只斑鸠回来，不是两只同时回来。回来的斑鸠也不是同时喂两只小斑鸠，而是轮流喂。一只小斑鸠在吃的时候，另一只小斑鸠会在一边等待。孩子们说：“小斑鸠和我们一样，还会排队呢！斑鸠宝宝有爸爸妈妈的照顾，真好呀。”于是他们在观察记录本上记录下小斑鸠轮流吃食的场景。

3. 渐渐长大的小斑鸠

孩子们的观察活动每天都在进行着。3 月 25 日，在窗边观察的孩子们又有了新的发现：渐渐地，小斑鸠身上长出了和爸妈一样的羽毛，它们喜欢睁着眼睛坐在窝里，也不再像之前那样爱睡觉了。斑鸠爸爸妈妈很少出现在它们的身边，离开的时间也越来越长。大多数时间都是两只小斑鸠自己玩，它们开始变得调皮了。白天吃饭的时候斑鸠爸爸妈妈会回来喂食，小斑鸠见到爸爸妈妈很亲昵，会快活地拍拍翅膀，急不可待要吃东西。吃饱之后，斑鸠爸爸妈妈就又离开了。

孩子们通过观察，发现小斑鸠在才出生的时候，就是完完全全被斑鸠爸爸妈妈守护着的，随着它们渐渐长大，斑鸠爸爸妈妈虽然会放开手，但依然会在小斑鸠需要的时候就出现。小斑鸠则开始自己在窝周边走来走去地探索着，时常扇扇翅膀，像是想飞。

两个小家伙越长越神气，都有斑鸠爸爸妈妈的模样了，不过因为翅膀还没有完全长好，应该不会一下就飞起来。斑鸠爸爸妈妈好像也并没有走远。孩子们谈论着自己的见闻，笑笑说：“小斑鸠喜欢观察这个奇妙的世界呢！”朵朵说：“它们长出了羽毛，越来越像爸爸妈妈了。”琪琪说：“它们的爸爸妈妈离开的时间越来越长了。"田田说:"因为斑鸠宝宝长大了,所以爸爸妈妈就放心地把它们单独留在家里,就像我们自己来上幼儿园一样。"孩子们猜测:小斑鸠长大了,所以斑鸠爸爸妈妈把它们留在家里,让它们自己学会生活。

图19　渐渐长大的小斑鸠

4. 学飞的小斑鸠

3月 27 日,孩子们发现斑鸠宝宝们尝试着扑闪翅膀,从鸟窝里笨拙地扑到树枝上,再小心翼翼地走回去。歇息一会又调皮地跳上了树枝,然后再跳回窝里。看着它们一边跳跃一边拍动翅膀,几番尝试,最后跳上枝头,着陆下一层树枝,孩子们大胆猜测,有的说:"小斑鸠是像小宝宝一样在学走路呢。"有的说:"它们应该是在学习怎样用翅膀飞行吧。"还有的说:"它们有了像爸爸妈妈一样的羽毛,应该很快就能飞起来了。"

通过连续观察,孩子们发现了小斑鸠的变化,了解到小斑鸠的整个学飞过程都是出于本能自发的,它们在一次次的努力尝试中,习得了生存本领。在研究中,我们都不由地赞叹大自然中的小生命,为了生存,努力去适应环境,真的太了不起了! 孩子们都说:"我们也要像小斑鸠一样,不怕困难!""自己的事情自己做!""有用的本领自己学!"

5. 小斑鸠会飞了

3月 31 日,其中一只小斑鸠腾空而起,歪歪斜斜地向着对面的屋檐飞了出去。另一只小斑鸠也信心满满地站在树枝上，时而飞出去，时而飞回来，刚抽出新芽的桂花树上变得好热闹呀！孩子们都激动地说：“小斑鸠们会飞啦！看，它们飞得多好呀！”“小斑鸠学飞就像小宝宝学走路一样，真有意思！”孩子们开始自发地在表演区玩起了“小斑鸠学飞”的游戏。

图20　孩子们记录的“小斑鸠学飞”

图21　孩子们玩“小斑鸠学飞”的游戏

用我们的方式想念你

1. 小斑鸠不见了

4月5日起放了三天的清明假，孩子们在三天的假期里一直都牵挂着斑鸠一家，想着快点回来见到它们。可是，刚回来，他们就发现鸟窝里空荡荡的，孩子们在窗口守望了很久，也没有发现斑鸠们的踪影。瑶瑶说：“小斑鸠是不是长大了，鸟窝不够住了？”涵涵说：“可能是小斑鸠会飞了，离开家自己生活了吧。”突然，有孩子发现一只小斑鸠从远处飞来，伫立在枝头，还悄悄地向窗内张望，孩子们喜出望外地说：“哈哈，几天不见，肯定是小斑鸠想我们了吧！”孩子们似乎也能感觉到这或许就是斑鸠和我们的最后一次见面了，笑笑说：“小斑鸠，我们会想你的。”真真说：“小斑鸠要经常回来看看我们哦！”琪琪说：“小斑鸠，这里就是你们的家，我们爱你！”

孩子们亲近自然，亲近身边的小动物，感觉他们已经把斑鸠一家当作了自己的好邻居、好伙伴。他们关爱着、呵护着斑鸠们，面对突然的分离，孩子们虽然有万般不舍，但是也能坦然地面对这个大自然的规律，我们为孩子们的成长感到欣慰。

从这以后，孩子们发现斑鸠们都不再回来了。他们很想念小斑鸠们，于是孩子们继续在各种各样自己喜欢的活动中，表达着对斑鸠们的想念。

（1）有趣的区角活动

①我的蛋宝。

除了斑鸠还有哪些小动物也是从蛋里出来的呢？区域里我们特别为幼儿提供了很多自主翻阅的材料，游戏时可以在这里获得很多关于蛋宝宝的经验。孩子们在科学区试着做出属于自己的蛋宝宝。

图22　制作蛋宝宝

②我们的书工坊。

在语言区域里，孩子们自发创编、制作与斑鸠有关的图书，绘画出自己和斑鸠的故事。

图23　创编、制作图书

③黏土变变变。

在美工区里，有的孩子进行装饰蛋宝宝的游戏，用彩笔、彩纸、颜料、贴纸等等装饰蛋宝宝。还有的孩子尝试用黏土进行搓、捏、压等方法，并使用蛋、瓶子、树枝等辅材制作立体的小鸟以及会生蛋的动物。

图24　黏土变变变

④木工坊——搭鸟窝。

虽然小斑鸠不会回来了，可孩子们继续设计不同的鸟窝，并在木工坊用黏土和细树枝搭鸟窝。还会将自己装饰好的蛋宝宝，或者制作好的黏土小鸟放进鸟窝里。

图25　搭鸟窝

⑤鸟妈妈和鸟宝宝。

孩子们还进行了“鸟妈妈和鸟宝宝”的美术活动。他们通过欣赏鸟妈妈和鸟宝宝的图片，感知它们不同的身体姿态，他们的作品展现出各种各样鸟妈妈喂小鸟的姿态，体现出鸟妈妈与小鸟之间相亲相爱的情感。

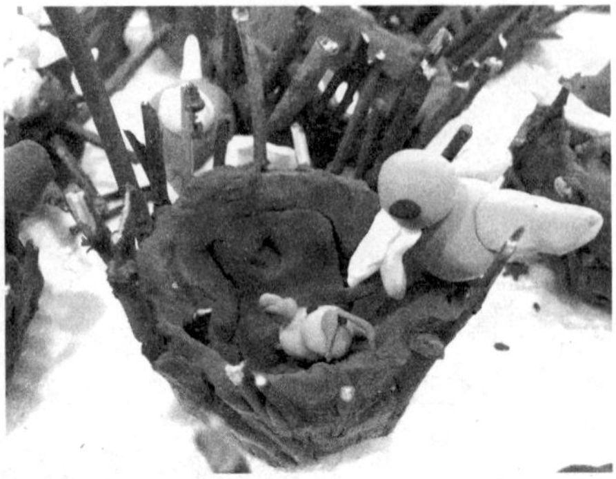

图26　美术活动“鸟妈妈和鸟宝宝”

（2）测量鸟窝的高度

孩子们说：“斑鸠的窝好像不太高哦。”真真说：“鸟窝有多高呢？”嘉恩说：“它就在我们的窗口，我们来量一量吧。”可是，怎样才能知道斑鸠的窝有多高呢？

瑶瑶说：“拿一把尺子来量一量。”点点说：“树那么高，我们够不到呀！”阳阳说：“可以爬到树上去量。”安安说：“不用爬树，鸟窝就在窗口的位置，我们在窗口鸟巢的位置上做上标记，再量量标记到地面的距离，不就好了？”萱萱说：“可是，我们没有这么长的尺子啊？”孩子们在教室里四处寻找可以用来测量距离的工具，然后拿到窗口比一比，发现都不够长。这时，月月从美工区找来了一板丝带，她说：“丝带很长，肯定够量了！”孩子们都觉得这真是个好主意，于是，大家动手开始测量。

在老师的帮助下，我们从教室窗口投下绳子，将绳子一头固定在与鸟窝高度一致的玻璃窗上。然后，大家下楼找到绳子接触到地面的另一头，做上标记。回到教室，大家取回已经做好标记的绳子，一起拉一拉，看一看，5个小朋友能拉完。孩子们问：“我们可以用什么来量一量绳子的长度呢？”聪明的孩子们看到教室里有很多收集的空酸奶盒，想到可以用它们来量一量绳子的长度，他们将酸奶盒沿着绳子排队摆好，再伸出手指数一数，原来绳子有 23 个酸奶盒那么长啊。他们还把有趣的活动过程和测量结果记录了下来。在测量过程中，有的孩子们还想到可以用自己的身高来测量，他们一个接一个直接躺在线上，他们发现，23 个酸奶盒的高度相当于 3 个小朋友的身高；还有的小朋友想到用自己坐的小椅子来测量，他们将自己的小椅子一张接一张沿线摆好，摆好以后数一数，有 18 张椅子那么长。

我们鼓励和支持幼儿发现、尝试解决日常活动中遇到的问题，体会数学的好处。在测量过程中，他们使用多种替代物进行测量，通过数数的方式感知和体会有些事物可以用数来描述，并尝试用图画或其他符号进行记录，通过记录帮助幼儿丰富观察经验、建立事物之间的联系和分享发现。

图27　测量鸟窝高度并记录

（3）鸟窝里的新发现

在测量过程中，彤彤说："鸟窝下面有好多鸟粪呀！"晨晨问："那鸟窝里有鸟粪吗？一定是斑鸠一家留下的鸟粪。"依依看看鸟窝说："鸟窝里好干净呀，一点鸟粪都没有。"孩子们觉得好奇怪：为什么鸟窝里会没有鸟粪呢？

孩子们通过观察，发现鸟窝的独特构造可以使鸟的粪便自然从窝里排出，保持窝内的干净，所以虽然鸟窝下面的树枝上有很多鸟粪，但是窝里却很干净。

因为班本活动的开展，孩子们经常接触大自然，也激发了他们的好奇心与探究欲望，他们更善于发现类似的有趣的问题。我们作为活动的支持者、参与者，和孩子们一起发现并分享周围新奇有趣的事物和现象，我们认真对待幼儿的问题，引导他们猜一猜、想一想，做一些简单的观察和推理，有意识地引导幼儿观察周围事物，学习观察的基本方法，培养观察能力。

成长的回顾

从起初孩子们发现两只斑鸠成为我们的新邻居，到两枚蛋宝宝的诞生、再到两个斑鸠宝宝的出壳与成长，从蛋宝宝到斑鸠宝宝经历了20天，从斑鸠宝宝到长大离开经历了16天，孩子们很怀念与它们一起共处的时光。孩子们对着空荡荡的鸟窝有些伤感，他们还记得鸟宝宝毛茸茸闭着眼睛睡觉的样子，记得它们刚刚长出羽毛学飞的样子……我们在户外也总能一眼认出脖子上有独特图案的珠颈斑鸠。常常会听到孩子们说“我在哪里又看到了珠颈斑鸠”。感觉斑鸠和孩子们之间的距离变得好近，每当看到、谈论到它们的时候，都像在说好朋友一样，充满着亲切感。

1. 孩子们的成长

孩子们在近40天的探究过程中，一直用自己喜欢的方式对斑鸠每天的活动进行观察记录，他们对自己的记录有着自己的解读。我们鼓励孩子们养成每天把记录本带回家的习惯，在和爸爸妈妈一起分享的同时也促进家长们更详细地了解我们班本的进程。通过综合利用幼儿园、家长、社会三方资源，既丰富了大家对鸟类知识的了解，又增进了亲子关系，整体提升了大家爱护、保护大自然，关爱、关心小动物的意识。

孩子们细心地观察斑鸠，也在课程中得到成长。当斑鸠出生后心系斑鸠宝宝，当他们看到雨中的斑鸠妈妈时深深感动。他们想各种办法不打扰斑鸠一家，想让斑鸠不用飞很远就能吃到食物，想在下雨天为它们撑一把小伞。他们虽然年纪小，心里却装着满满的爱。他们还把这份爱延续到家人的身边，尽自己小小的力量，回报家人的养育之恩。

2. 老师的成长

在班本研究的过程中，老师的教育理念也有很大提升。原先我们的设想是完全按照小斑鸠的出壳以及生长为线索，但当活动开始进行后，我们发现孩子们在每天的区域游戏时，可以自己观察到很多。于是我们又根据孩子的兴趣点衍生出很多的活动，如：不会搭窝的小鸟、鸟巢建筑以及欣赏名画《玉兰斑鸠》等等。我们原以为小斑鸠长大班本活动就会自然结束，可是好奇的孩子们继续探究了鸟窝的高度和鸟窝的秘密。当老师追随孩子的兴趣点，就会有很多意外的惊喜发生。从“我们明天可以做什么”转换到“从可进一步开展活动的可能性中，我选择什么作为聚焦点”，我们学会了追随孩子，让孩子成为学习的主体，我们的课程更多展示了孩子们的想法，帮助他们认识到自己就是思想家、创新者和创建理论的人。

3. 家园共育

家园合作，践行家庭、幼儿园和社区是教育的共同体。我们的班本研究，既丰富了大家对斑鸠的了解，又增进了亲子关系，提升了家园爱护、保护大自然，关爱、关心小动物的意识。在为期六周的班本活动中，我班共发布了三次幼儿园微信公共报道，很多爸爸妈妈在转发的同时，也纷纷表达自己对班本的肯定与心声。他们为孩子在研究中的表现与进步感到高兴。

班本活动虽然结束了，但我们体会到自然界的生命成长是一段美好的过程，天生的向上的动力使它们独立而自由地飞向属于自己的天空，这个过程，唯有放手才能实现。教育不但是知识的习得，更重要的是理解成长的含义和对生命的尊重。我们会将这份人文情怀继续下去……我们还会将小窝一直留在那里，希望某一天，当我们顺着窗外看去，斑鸠们还会回来，坐在窝里，伴着我们一起愉快地学习成长！

专家点评

这是一个近乎完美而又令人感动的课程故事。故事起始于孩子们偶然的一个惊喜发现：教室窗外的树枝上，竟然飞来两只安家的斑鸠鸟儿。接着，孩子们发现了鸟窝里的两枚蛋宝宝，鸟妈妈鸟妈妈对蚕宝宝呵护照料，两只斑鸠宝宝的孵化、出壳、一天天的长大。孩子们始终关切着这个新来的“邻居”，怀着激动、好奇、期待、探究的心情，他们历经了近40天的观察、记录、研讨，乃至尝试喂食、遮雨等种种行动的探索。直到有一天长大的斑鸠飞走了，尚在树上的鸟窝，留给孩子们的是丝丝的眷恋与期盼，更是对生命与爱的懵懂觉醒与感悟。

作为一种生成的课程系列，这个故事围绕“斑鸠一家”而展开的一系列活动探索，尤为突出的是，清晰而自然地贯穿并交织着三条线索，即一种理念立场和两种教育取向。①自然即课程。该活动系列起源于幼儿对周围自然环境的一次偶然发现，由“安家”于教室窗外大树上的鸟儿而引发，在随后的教师支持与引导中，始终贯穿着指向鸟儿的名字、生活的习性、繁衍方式、生长过程等方面的科学探究与自然认知，从而践行着发现自然、走进自然、探索自然的自然课程理念。②生命教育。从对蛋宝宝到斑鸠宝宝的孵化、出壳、生长，到斑鸠长大飞离鸟窝，以及斑鸠爸爸妈妈的照料呵护等诸多环节的观察、记录，及所展开的研讨，都是在引导幼儿感受鸟儿作为一种生命的现象与过程，既是在给予幼儿一种生命生长变化的真实感知，也是在启蒙幼儿对自我生命的感同身受。③爱心教育。从观察并感知到成年斑鸠对斑鸠宝宝的呵护照料，到自发地对幼小斑鸠宝宝的关切意识，幼儿获得的是对自身亲情体验的自我投射，由此在教师有意识的积极诱导下，幼儿被唤醒的便是自己对父母的感恩意识和尊爱之情。

从教师的立场看，该课程故事其实是完美地演绎了成人与儿童共同合作而创造课程的过程。孩子们对小斑鸠的观察与探究的整个过程里，始终伴随着的是教师的鼓励与支持、陪伴与引导。正是教师自始至终的在场乃至领引，幼儿才会有深入的观察，持续的记录，递进的发问，积极的探究，切实的参与，乃至有效的师幼互动、亲子互动和同伴合作，由此而共同构建了一个层层推进、环环紧扣、步步拓延的学习历程。也正是在这个过程中，不仅是幼儿在成长，教师同样也在打开一种视野，感悟一种发现，历经一种惊喜。的确，不只是孩子们，老师也一样是在与斑鸠做“邻居”。

（福建师范大学　丁海东）

传声筒的初探

无锡市东湖塘中心幼儿园　丁子航

持续时间:2018年4月至2018年5月

年龄段:中班

中班上学期,幼儿在户外、区域和专用室活动时,在用瓶罐玩游戏的过程中对瓶罐有了简单的认识。瓶罐的种类很多,瓶罐可以用来装东西,瓶罐会发出不同的声音。在平时的生活中,他们还知道玻璃瓶、瓷瓶、陶罐容易破碎。本学期初,益智区内新增了纸杯传声筒。

传声筒坏了怎么办

晨间游戏时,铠铠和小涵发现传声筒坏了,于是晨间谈话时幼儿开始了讨论。

铠铠说:“传声筒坏掉了就不能玩了。”

小涵说:“我和妈妈做过传声筒,我们可以一起重新做一个。”

老师问:“可以用哪些材料来做传声筒?”

铠铠说:“要用纸杯。”

小钥说:“还要有线。”

小涵说:“要两个一样大小的纸杯,用线把两个杯子连起来。”

辰辰说:“可是没有纸杯,怎

图1　晨间谈话

么办呢？”

我们老师建议孩子们在教室内找一找，看什么材料可以代替纸杯制作传声筒。孩子们找来了几个雪碧瓶。

琦琦问：“瓶子能做传声筒吗？”

老师建议：“可以来试一试。”

自制瓶子传声筒

1. 雪碧瓶制作传声筒

（1）制作传声筒失败了

区域游戏中，琦琦和小钥用两个相同大小的雪碧瓶开始了制作传声筒的游戏活动。

两人尝试将雪碧瓶一分为二，先用剪刀剪瓶子，可是瓶子又大又滑，用剪刀剪不开，琦琦说：“可能美工刀能把瓶子切开。”于是他们问老师借了美工刀在雪碧瓶上划开一道口子，接着用剪刀剪瓶子。

可是琦琦又发现一个问题：瓶子总是剪不平，怎么办？

小钥说：“我们剪纸的时候纸上面有线的，我都是沿着线剪的。”

琦琦说：“那我们也来画条线。”说完两人转动瓶子，用水笔在瓶身上画了条线，并用剪刀沿着线把瓶子一剪为二。

图2　用雪碧瓶制作传声筒

雪碧瓶上怎么弄出一个洞来呢？琦琦在美工区找到了打洞器，用打洞器在瓶子上打了个洞，小钥也用同样的方法打了个洞，两人把毛线系在洞上开始聊天。咦，怎么没有声音？两个人又开始研究传声筒为什么没有传出声音，直到游戏结束，她们都没有找到答案，但她们的探究欲望依然很强烈。

当幼儿发现“瓶子总是剪不平”的时候，能够运用平时做手工“沿着线剪”的已有经验，在瓶身上画线后再剪。遇到“在瓶上打洞”的问题，也自然地将日常游戏中的经验运用到了制作雪碧瓶传声筒上。制作传声筒对中班幼儿来说有一定的难度，她们不知道传声筒的洞应该打在瓶子底部，但两人敢于尝试，具有不怕困难的精神，有强烈的自主探索欲望，当两人解决不了问题时，我们及时给予她们建议：回家和爸爸妈妈一起寻找自己做的传声筒不能传出声音的原因。

幼儿回家寻求帮助的同时，我们两位老师也针对“如何让传声筒传出声音”以及“幼儿在制作传声筒的游戏中能够获得哪些经验”进行了审议。首先，我们查询了传声筒的原理：固体可以传递声波。接下来，我们希望幼儿在这一活动中，通过自主探究主动发现问题，寻求同伴或老师帮助解决问题，尝试了解一些简单的物理现象。

（2）传声筒应该怎么做

第二天，琦琦带来了两个用雪碧瓶制作的传声筒，一个是自己区域游戏时做的，一个是回家以后和爸爸一起制作的。

琦琦再一次和小钥用雪碧瓶传声筒聊天，小钥问：“琦琦，这个传声筒能传声音，你是怎么做的？”琦琦开心地和小钥分享制作传声筒的经过：“昨天我回家以后给爸爸看了我们做的传声筒，爸爸说我们做的传声

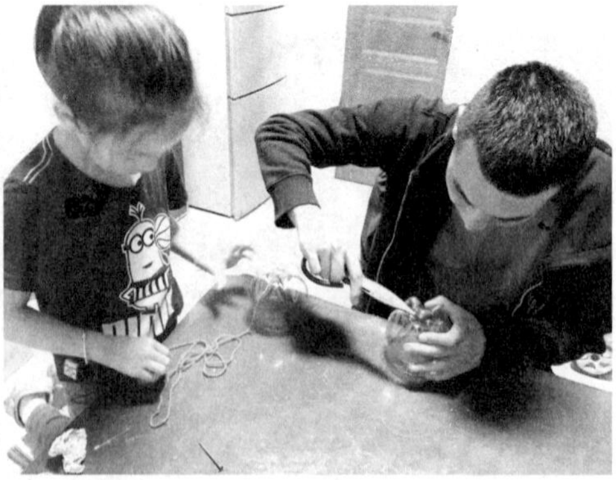

图3 琦琦和爸爸一起制作传声筒

筒听不到声音是因为我们把洞打在了瓶子上，爸爸说洞要打在底部而且洞要小小的，这样一头讲话，另一头才能听得清楚。”

我们见到琦琦这么开心便问：“琦琦，你愿意把和爸爸一起做传声筒的方法和其他小朋友分享吗？”琦琦欣然答应。

老师问：“用什么办法可以让每一个小朋友都知道传声筒的制作方法？”

琦琦看到美工区内老师制作的示意图，说：“我可以画下来。”

于是琦琦将制作传声筒的方法画了下来，我们将示意图（见图4）张贴在了益智区中。

图4 琦琦画的制作传声筒示意图

《指南》在科学领域中提出：“能对事物或现象进行观察比较，发现其相同与不同”。幼儿在家长的帮助下通过两次探索知道了传声筒的洞应该打在瓶底。当老师观察到幼儿对制作传声筒的过程产生兴趣后，适时把握机会提出问题引导幼儿通过画示意图的方式来分享制作的方法。在这一过程中，老师将主控权交给了幼儿，由幼儿自己动手，让幼儿自己表达，这比老师提供示意图更有效。

（3）保安叔叔来帮忙

接下来的几天，孩子们热火朝天地开展了制作传声筒的活动。

小天说：“雪碧瓶的底部太硬了，我用剪刀没办法钻洞。”

琦琦说：“我爸爸是用很尖的剪刀钻洞的。”

老师问：“哪里有尖尖的工具呢？”

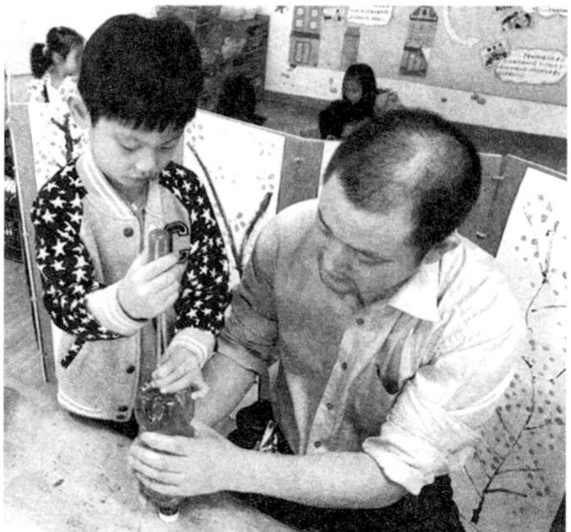

图5 保安叔叔来帮忙

许硕说:“保安叔叔来我们教室修理柜子的时候用尖尖的工具钻洞的。”

于是孩子们决定邀请保安小王叔叔来帮忙。

小王叔叔带来了螺丝刀和螺丝钉，通过用力拧的方法在瓶底钻出了洞,孩子们纷纷表示也想试一试。

大家通过尝试后发现用螺丝钉钻洞需要很大的力气,于是在小王叔叔的帮助下,孩子们完成了底部钻洞的步骤,随后根据示意图完成了雪碧瓶传声筒的制作,并开心地用传声筒聊天。

幼儿在了解到传声筒的洞要打在瓶底后,通过自己的尝试发现雪碧瓶的底部太硬,剪刀不能钻洞,需要用到尖尖的工具。老师注意到幼儿的新问题,适时提出问题“哪里有尖尖的工具”,引导幼儿联系生活实际寻找适宜的工具。幼儿提出保安叔叔修理柜子的时候用到了尖尖的工具,并提出请保安叔叔加入他们的制作活动。幼儿之前只是看到别人使用螺丝刀与螺丝钉,自己缺乏使用这类工具的经验,当自己真正使用以后发现需要花费很大的力气,而且还需要他人帮忙。

于是幼儿提出新问题:“雪碧瓶瓶底钻洞太难了,薄底的瓶子能不能制作传声筒?”

我们需要更多的瓶子

1. 哪些是薄底的瓶子

孩子们针对哪些是薄底的瓶子展开了讨论。

小涵说:“我能把矿泉水瓶压扁。”

辰辰说:“养乐多瓶很小。”

安琪说:“酸奶瓶很轻很轻。”

锐锐说:“其他饮料瓶捏起来有‘咯嗒咯嗒’的声音。”

……

我们总结:虽然这些瓶子都是塑料做的,但是它们的厚薄、软硬是不一样的。

经过商讨，最后大家决定一起收集养乐多瓶、矿泉水瓶、酸奶瓶、饮料瓶等各种瓶子。

组内老师知道我们班孩子在进行瓶子收集活动后建议我们设计一份收集薄底瓶子的倡议书，不只是自己班内，还可以请其他班级的孩子一起收集薄底瓶子。

于是，我们鼓励孩子们把他们需要的薄底瓶子用图画的方式记录下来，并发起了“薄底瓶子大收集”的倡议（见图6），开始了薄底瓶子的大收集活动。

“薄底瓶子大收集”倡议书

亲爱的爸爸妈妈，我想制作传声筒，经过讨论我们需要收集以下薄底瓶子。

名称	图片	数量
矿泉水瓶		2
酸奶瓶		2
养乐多瓶		2
饮料瓶		2

请爸爸妈妈帮我们一起收集薄底瓶子，谢谢爸爸妈妈的参与和支持！

图6　倡议书

2. 薄底瓶子大收集活动

（1）收集

幼儿回家把倡议书发给了爸爸妈妈后，就开始了薄底瓶子的大收集活动。

（2）分类、自制标记

幼儿带来了许多形态各异、大小不一、材质不同的瓶子。

老师问：“孩子们，这么多的瓶子应该放在哪里？”

琦琦说：“可以放在箩筐里。”

小涵说：“可以像美工区的材料一样放在纸箱里。”

老师问：“所有的瓶子都放一起吗？”

小钥说：“可以把一样的瓶子放一起。”

老师问：“什么是一样的瓶子？”

辰辰说：“有颜色的和没有颜色的分开放。”

铠铠说：“矿泉水瓶放一起，其他饮料瓶放一起。”

小涵说：“看，养乐多瓶子的底好薄。”

小涵这么一喊，其他的孩子开始关注瓶子底的厚薄。

最后他们决定按厚薄、大小给瓶子进行分类，并在纸箱上制作了标记，班级的瓶子自选材料区就这样成立了。

图7 给瓶子分类

教师及时捕捉到幼儿提出的“薄底的瓶子能不能制作传声筒”的问题，并给予幼儿一定的支持，鼓励他们通过绘画的方式记录自己需要的瓶子并帮助幼儿设计、制作、发放“薄底瓶子大收集”倡议书，使幼儿在收集瓶子的过程中能根据瓶子的特征进行分类整理，并通过观察、比较、分类、自制标记获得了关键的前置经验——养乐多瓶子的瓶底是最薄的。

（3）用养乐多瓶子制作传声筒

幼儿觉得养乐多瓶子的瓶底最薄，应该最容易钻洞，于是小涵和辰辰一起选择用养乐多瓶子来制作传声筒。两人拿着养乐多瓶子仔细看了看，小涵从黑板上取来了一个工字钉开始使劲钻洞，辰辰到材料柜中剪了一段毛线。

小涵说：“这个洞太小了，毛线过不去。”

辰辰说：“我们要把洞变大一些。”

小涵找来了一把剪刀对着小洞用力拧下去，把洞口变大。她找来了毛根对折拧紧以后用力将毛线穿过了瓶子，最后用双面胶固定毛线。辰辰从布艺区拿来塑料针，很快就把线穿过了瓶子，并尝试打结。他们俩聊天的时候毛线从瓶子里掉了出来。

小涵说：“辰辰，你打的结太小了，应该多打一些，结要大一些。”

当辰辰耐心地打完一个又一个结后，两人开心地用传声筒聊天。

辰辰说:“小涵,这个传声筒的声音比雪碧瓶传声筒的声音小。”

老师问:“这是为什么呢?”

小涵说:“可能用大一点的瓶子做传声筒,声音就会变得很大。”

(4) 用矿泉水瓶制作传声筒

第二天,小阳从家里带来了一把锥子,表示想用锥子试试钻洞。

孩子们在瓶子自选材料区内选择用矿泉水瓶来制作传声筒,再次进行了探索。

铠铠说:“我们直接用这个矿泉水瓶做传声筒。”他和小阳用锥子在矿泉水瓶瓶底钻洞,他们发现,只要一人用力握住瓶子,另外一个人用锥子对准一个地方用力钻,很快就钻出洞来了。

另一边,辰辰和小涵用美工刀将瓶子切开,并按照制作养乐多传声筒的步骤制作出了矿泉水瓶传声筒。

图8 小阳和铠铠用完整的矿泉水瓶制作传声筒

图9 辰辰和小涵用切掉瓶口的矿泉水瓶制作传声筒

谁的声音大

我们把孩子们制作成功的传声筒放入了益智区,孩子们玩着他们做的传声筒。

辰辰说:“养乐多瓶子做的传声筒声音小。”

瑶瑶说:“小塑料瓶传声筒的声音比养乐多瓶传声筒声音大。”

铠铠说:“切掉原有小瓶口的矿泉水瓶传声筒的声音很大,比其他的都大。我知道了,瓶子越大,声音就越大。”

在用传声筒聊天中他们发现:切掉原有小瓶口的矿泉水瓶传声筒比小塑料瓶、养乐多瓶传声筒的声音大。那么,是不是瓶口越大声音就越大呢?

这时候,幼儿又有了新的想法:建构区里的奶粉罐更大,做出来的传声筒会不会声音更响呢?

幼儿在反复探索实践中遇到困难的时候会运用到生活、游戏活动中的经验来解决问题,提高动手、动脑解决问题的能力,如“钻洞—穿线”这个制作环节中,幼儿用到了很多的工具,像工字钉、剪刀、毛根、塑料针,这是幼儿迁移在美工区、布艺区的活动经验完成了制作步骤。

同时,幼儿的兴趣点已经从制作传声筒转移到了探究声音的强弱上。老师支持幼儿与同伴之间合作探究与分享交流,引导他们用语言概括、表达自己的探究结果,体验合作探究和发现的乐趣。在用养乐多瓶子制作传声筒的过程中,他们能根据观察结果,提出问题,大胆猜测——声音的强弱是否与瓶子的大小有关,并再次尝试,利用矿泉水瓶制作传声筒来验证自己的猜测。

当得出“制作传声筒用的瓶子越大传出的声音就越大”这个结论以后,幼儿深度探究的兴趣更浓了,从而产生了新问题,以此推动了活动的深入开展,幼儿的经验获得了进一步的提升。

自制奶粉罐传声筒

1. 奶粉罐不够,怎么办?

孩子们发现建构区内的奶粉罐被小朋友们搭建成了建筑物,没有多余的奶粉罐了,这时,蒋老师建议去课程资源室寻找奶粉罐。于是,孩子们来到课程资源室选择了一些大小不同的奶粉罐。

2. 用奶粉罐制作传声筒

瑶瑶和小刘两人回到教室开始着手制作奶粉罐传声筒。他们依旧选择用工字钉钻洞,但是发现钻不出洞,他们又找来了剪刀,发现还是不行。

这时候小刘想到："可以用树木创意馆中的榔头敲剪刀钻洞。"

我们带着孩子们来到了树木创意馆，孩子们发现馆内有榔头、钉子、手摇钻、锥子，于是孩子们尝试用各种方式来钻洞。

图10　用各种方式钻洞

小刘和瑶瑶用榔头和钉子钻出洞，并把钉子起出来。随后他们又在盒子里面找到了很细的钉子，他们用细细的钉子将毛线穿过了洞，并打结。

奶粉罐传声筒制作成功了，孩子们试了一下："哇，声音太大了，把我的耳朵都要吵聋了。"

在用奶粉罐制作传声筒的过程中，幼儿的游戏经验得到了进一步的丰富，他们的操作工具由常见的剪刀拓展到了木工专用的榔头、钉子等，使用的工具虽然不同，但是探索的方式却是相通的。当幼儿能根据已有经验尝试运用专用室中的工具时，我们肯定幼儿的想法，支持他们的做法，让他们探索操作的空间由教室转移至专用室，尊重了他们探究的自主性。

后　记

学期初，我们在益智区内投放了纸杯传声筒，当纸杯传声筒坏了以后，幼儿提出用雪碧瓶制作传声筒，当时我觉得可以试一试，由于自己也没有用瓶子制作传声筒的经验，所以决定顺着幼儿的兴趣，和幼儿一起开始"瓶罐传声筒"的制作。

活动中，我们看到了幼儿通过自主合作探索、发现并解决问题，讨论得出结果进而提出新问题的这一过程,这支持着幼儿与我一同学习、成长。

幼儿从始至终都是用主动探索的方式尝试用各种瓶罐制作传声筒。刚开始,他们用雪碧瓶制作传声筒的时候,能根据自己的已有经验来选择钻洞的材料,如打洞器。当制作传声筒失败后仍坚持探索,接受老师的建议,回家借助爸爸妈妈的帮助了解传声筒的制作方法,并用绘画的方式记录,使更多幼儿了解到了“洞应该钻在瓶底”。再次用雪碧瓶制作传声筒时,遇到“钻洞”困难时,会想到寻找适宜材料——钻洞需要尖的东西,并寻求他人的帮助,如保安叔叔有尖的东西;回家以后在家中找到了锥子。我也想过,如果一开始就告诉幼儿可以用榔头和钉子来钻洞,他们也许就不能发现“锥子”这一工具,缺少了自主探索的乐趣,失去了操作活动的主动性。

在制作传声筒的过程中,除了“钻洞”比较困难,幼儿同时还遇到了“穿线”的困难,面对困难他们相互合作解决,如穿线的时候,遇到“洞小”的困难,能想到把洞变大、用双面胶固定毛线、反复在同一地方打结等办法。老师在观察到“洞小,线穿不过去”的时候对幼儿提出新的要求:在不改变洞的大小的情况下能否找到合适的工具、选用适宜的办法来完成穿线。幼儿通过思考,想到了用比洞更小的东西来完成穿线,如牙签、细钉子等。

此外,幼儿还学会了和同伴一起在合作探究中分享交流自己的发现,提高了合作交往能力、分析表达能力。如:幼儿用传声筒聊天后发现养乐多瓶做的传声筒声音最小,奶粉罐做的传声筒声音最大。幼儿简单感知了“声音利用固体声波振动传递”这一物理现象,通过自我感知声音强弱的变化选择材料进行探索活动,发展了听辨声音的能力;在探索与相互交流中得出结果,发展了语言表达能力;当遇到困难时能进行简单的推理分析,寻找适宜的方法来解决问题,显示出了不怕困难、勇于探究尝试的学习品质。

回顾活动,我与幼儿一起在“提出问题—发现结果—提出新问题”的循环中发现自己:当幼儿遇到困难寻求帮助的时候,我也并不清楚自己的想法是否正确;看到幼儿使用笨拙的工具时,想立刻提供轻便的工具;有时候过于关注幼儿的制作结果,忽略了过程。这些都在其他老师的提醒下进行了自我反思。“瓶罐传声筒”这一制作活动,包含了丰富的科学知识,这也需要我不断地学习与思考：传声筒的制作原理、幼儿的发现结果是否准确、瓶底钻洞的适宜材料、为什么有些瓶罐传声筒声音不清晰等等。只有了解这些知识，才能为幼儿的探索活动提供帮助。

活动中，幼儿虽然得出了自己的结果，可随着他们进一步的探究，新问题也在不断产生，如“东西越大，声音就越大吗？”

“是不是瓶罐的口越大，声音就越大呢？”针对这一问题，园内所有老师进行了审议活动，认为幼儿得出的结果是不严谨的，因为老师们通过验证发现只有当瓶子底部的洞眼与绳子在毫无缝隙的情况下才能清楚地辨别声音的强弱，因此，下一阶段，老师计划带着幼儿继续探索“如何解决缝隙”以及“在毫无缝隙的情况下，声音是否一样大”这些问题。

专家点评

遭遇问题往往可以催生幼儿的有效学习——传声筒损坏不能玩了，幼儿提出自己制作，于是在一次次的选材、比较、观察、测量、制作、成功或失败中，学习发生了。但是，仅有问题和解决问题的意愿与行动，并不一定能引发幼儿深入、持续的学习，也不能构成课程。这其中不可或缺的重要因素就是教师恰当的指导。在课程故事中，我们不但要看到幼儿的所言所行，更要看到教师的行动与思考，看到教师是如何配合幼儿、引领幼儿、与幼儿商量决策、为幼儿创造活动条件、和幼儿一起探索的……在《传声筒的初探》中，我们读到了这些。

当问题情境出现，幼儿抱有探索动机时，教师给予了即时的鼓励；当幼儿尝试失败时，教师没有直接帮助，而是留出了让其自主探索的空间；当幼儿对"薄底瓶能否制作传声筒"发出疑问时，教师推动了用实践去验证；当自制传声筒种类增多时，教师把它们集中投放在一起，引发了幼儿的对比；当探索需要拓展时，教师尊重幼儿转移制作场所。与其说这是教育活动，毋宁说这是教师与幼儿在共同生活，教师与幼儿一起体验着兴奋、惊喜、失落、困惑，一起为着喜欢的事努力。这样的课程就有温度、有生气。

需要强调的是，教师在"共同生活"中的站位就是教育的艺术，是适度的艺术。老师跨得太前了，幼儿跟着跑、追不上；老师站得太后了，幼儿需要支持的时候，找不到老师。教师站在哪里最好？没有绝对的答案和统一的标准。不同的活动，不同的幼儿，不同的情境，站位不一样。《传声筒的初探》中的教师，以《3—6岁儿童学习与发展指南》为基本依据，在活动的开始阶段、幼儿探索发生转向的时刻、出现新问题等关键节点时，总会及时进行活动反思与课程审议，尽量保持了自己"站位"的恰切。这种不算捷径的做法，却是最为有效并值得学习的。它让教师在课程中彰显了自己必须具备的主体性——让幼儿成为学习的主体，保证他们的主体性发挥得更好的主体性。

这，就是教师的要务之一。

（常熟理工学院　张　斌）

我的小书袋

宁波市闻裕顺幼儿园　李江美　黄　艳

持续时间：2017年9月至2018年6月

年龄段：中班

书袋的出现

在我们班各项活动的过渡环节，幼儿有丰富多样的选择，有的幼儿会进入语言区看书，有的幼儿会选择去自然角照顾植物，有的幼儿会记录《美好日记》(把发生的开心的事用图画的形式画下来，写上日期)……渐渐地，我发现选择语言区看书的幼儿越来越多，这跟语言区图书的种类时常根据幼儿的喜爱而变化有关。幼儿的需求，让我们有了想为他们提供书袋的想法，这样就不用为挤在不大的语言区而烦恼了。

于是，我们为每个幼儿准备了书袋，这个书袋就放在他们的椅子背上，他们可以选择自己喜爱的书籍放入书袋，并且可以随时取放。

有了这个书袋，我们班的看书氛围越来越浓，幼儿会在洗手等待环节看书，会在点心等待环节看书……任何时候，当然除了上课，只要空余的时候，幼儿都会从书袋中拿出自己喜爱的书籍翻阅，甚至有的小朋友在家里也会要求爸爸妈妈给自己准备一个书袋，慢慢地，有许多家长告诉我，我们的孩子越来越喜欢看书了，浓浓的看书气息也带动了家长，“全民阅读”顺势开展……

书袋的“烦恼”

1. 书袋的变化

可是一段时间后，事情发生了微妙的变化，我们班的保育老师对我说：“黄老师，我们班的椅子经常翻倒，不知道什么原因？”我们的保健医生也对我说：“黄老师，你们的书袋里怎么连巧克力都有，你看都融化在布袋里了。”……其实我也发现，我需要经常把孩子们上课时放进书袋的手拿出来，我需要经常提醒他们别去玩别人的书袋……

这些问题确实让我觉得头疼。我该怎么做呢？生长课程告诉我，所有来自教育中的问题都可能成为教育的起点，我就试试让它成为起点吧。

首先，我先观察孩子们到底是怎样利用书袋的。他们的做法各有不同，有的放玩具，有的放书，有的放吃的，有的放花……得到孩子们的同意后，我参观了他们的书袋。我简单将孩子们的书袋归类。

①干干净净。有少数孩子的书袋干净整洁，就如我们第一次放入玩具时的那样。（3个孩子）

②存放各类玩具。在孩子们的眼中，书袋是个老师看不到的神秘地带，那么家里带来的小玩具，悄悄藏在里面，一定也没人知道，闲的时候还可以跟好伙伴们分享。（16个孩子）

图1　干干净净

图2　存放各类玩具

③除了玩具还有吃的。有的孩子酷爱糖果，平时班级约定不能在班级

吃糖果，这个神秘的看不到的书袋里正好可以藏一些。悄悄吃完，垃圾还能放在里面，谁也发现不了。（5个孩子）

④百宝箱。这个书袋简直就是他的一切，蜡笔用完放书袋，手工做完放书袋，当然还有记号笔、剪刀、胶水、橡皮泥……你想得到的想不到的，他都放里面，甚至擦完鼻涕的纸巾也放在里面……（4个孩子）

图3　除了玩具还有吃的

图4　百宝箱

到底是什么原因让孩子们喜爱的书袋变成了这样？

2. 书袋变化的原因

我仍然需要倾听孩子们的想法，如果我不能了解他们的真实想法，那么我制定再多的规则可能都是低效甚至无效的。接下来我应该要做的就是倾听，了解孩子们为什么要把这些东西放进书袋里。

他们是这样告诉我的……

天天说："我的书袋里都是藏的我喜欢的东西，因为书袋就是我的百宝箱。"（解读：其实每个孩子都很向往有个百宝箱，书袋的出现给了他们拥有百宝箱的机会）

小王子说："我书袋里有很多玩具，我不用走很远的路就能拿出来玩。"（解读：对于孩子来说多玩一会一定是第一位的）

喆喆说："我的书袋里有没吃完的饼干，打算空的时候再吃。"（解读：有的孩子不想浪费，也有的孩子因为班级规定饼干、水果不能扔掉，所以他们就悄悄藏在书袋里了）

任任说："我的书袋里我也不知道为什么有那么多东西。"（解读：有的孩子随手一放，事后早就忘记放过什么）

通过简单的询问，我梳理了孩子们书袋变化的原因。

①方便。孩子们的世界里，玩永远是第一位的，可以把玩具放在触手可及的地方当然十分开心。

②拥有物品的所有权。中班孩子开始对别人和自己的物品有了区分，对自己的物品格外宝贝，喜欢把最喜欢的物品放入书袋，这也符合他们的年龄特点。

③无意识。有的孩子并没有感觉到自己的书袋已经放得满满当当，就这样放着放着就多了。

儿童发生的这一切，难道在老师身上没有发生过吗？老师们，你们有没有东西放着放着就堆多了的经历呢？我就有，我的钢琴，我的办公桌，也经常乱乱的，因为我也是为了图方便，上完课教具一放，用完的材料，随手一放，放着放着就放多了。这样反面的榜样，我自己首先得纠正。

既然找到了原因，那该如何制定规则呢？

3.《我的小书袋》出世

于是《我的小书袋》就这样出现了。

故事《我的小书袋》（黄艳原创）

大家好，我就是每天和你们生活在一起的小书袋，我有个超厉害的大嘴巴，它里面可以放下很多东西，你看。

书本对我说："书袋书袋，我要进来。"我说："可以。"

玩具对我说："书袋书袋，我要进来。"我说："可以。"

记号笔对我说："书袋书袋，我要进来。"我说："可以。"

橡皮泥对我说："书袋书袋，我要进来。"我说："可以。"

彩色纸对我说："书袋书袋，我要进来。"我说："可以。"

饼干、水果、纸巾、蜡笔盒……好多东西都对我说："书袋书袋，我要进来。"

我，我真的害怕了。

小朋友们，我知道你们很喜欢我，你们把所有喜欢的东西都塞进了我的口袋，可是真的塞不下了，我竟然摔倒了，我变得很脏了，我变得黏糊糊的，我还破了个大洞……好难过……

故事讲完，我看到了孩子们脸上同样出现了难过的表情。这时，豆豆站了起来：“我们不能再这样对我们的书袋了，书袋就这么点大，我们应该少放一点东西。”接着萱萱也站起来说：“是的是的，我们不能让书袋这么难过，我们应该保护好书袋，把它整理得干干净净。”越来越多的孩子加入了保护书袋的队伍，纷纷肯定地告诉我，书袋里不能放那么多东西，书袋里要整理干净。

我顺势问了孩子们：“既然不能放那么多东西，那我们应该在书袋里放什么呢？”孩子们开始分组讨论，并把讨论结果贴在了黑板上。

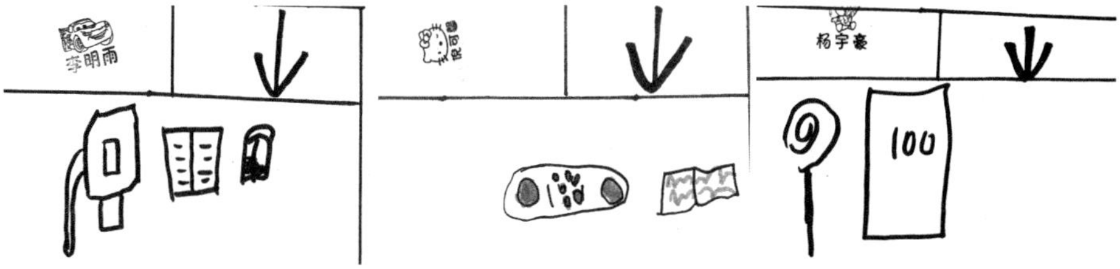

图5　孩子们的讨论结果

我发现，有的孩子从数量上做了要求，觉得书袋里只能放一到两样东西，这样就不会重了。有的孩子从种类上做了要求，觉得书袋按照功能，只能放书。有的孩子从玩具和书的大小上做了要求，觉得书袋里的书和玩具都不能超过椅子背的大小，不然会放不进。孩子们的想法，出乎我的意料，通过热烈的讨论，孩子们决定以后书袋里可以放入的是：书、玩具、美好日记、好吃的。

关于“好吃的”引发的疑问

可,对于好吃的,孩子们有了不同的声音,有的说:“不能放吃的在书袋里吧,可能会引来虫子的。”

有的说:“就是啊,如果你把吃的放在书袋,坏了,化了,书袋会脏兮兮的。”

有的说:“卫生是很重要的,我们都快大班了,每天这样吃吃吃多不好呀。”

可是爱吃的孩子们仍旧坚持着自己的想法,他们认为糖果外面有包装怎么会引来虫子呢。

于是,有的孩子说:“我们可以不放巧克力,这样就不会融化,放其他吃的又没关系。”

就这样,一场孩子们自发的辩论PK赛如火如荼地进行着。孩子们的辩论真的很有意思,他们开始通过自己的努力,想要去说服别人,有的妥协,有的据理力争……那么到底能不能把零食放在书袋里呢?孩子们决定请教权威人士,因为大家谁都说服不了谁。那么在幼儿园里,在吃的方面,权威的专家当然是我们的保健医生,专业的问题由专业人士回答一定更有说服力,孩子们自然更愿意听。

1. 零食能不能出现

孩子们把保健医生请来,保健医生的到来让孩子们有一种专家降临的感觉,都听得非常认真,听保健医生讲解为什么零食不能出现在书袋里。

图6　保健医生大讲堂

①幼儿园的食品，都有专用盛放食品的器皿和位置。

②书袋里的小零食没有定期查询保质期。

③放零食的书袋并没有经常消毒。

听完专业的解答，孩子们参观了保健医生带来的保存食品的各类盒子，大部分的孩子很是信服，除了知道了书袋里不适合放零食以外，还了解了食品保存的方法，例如食品应该放入食品柜、食品盒，那些在书袋里放水果、饼干的小朋友们也知道了必须把它们先放入保鲜袋，再放入食品柜。原来食品保存也是有学问的。那么生活中真的是这样吗？

图7 采访厨师奶奶

图8 采访保育老师

2. 食品大调查

一场围绕食品保存的大调查就这样开展起来了。他们采访了厨师奶奶，采访了保育老师，查看了家里的食品收藏处，在这样的反复验证中，知道了食品保存的科学方法。而且，在调查的过程中，孩子们的观察能力、对话能力、归纳能力、辩论能力、与陌生人的交际能力也得到了提升。接下来，也就不需要我一而再、再而三的提醒，相反，孩子们都提醒我，要去掉好吃的这一选项卡。

关于“大嘴巴”的困惑

孩子们达成共识后，开始精心挑选放入书袋里的东西，但是问题又出现了。

小王子说:“老师,我只放了一个玩具,它为什么嘴巴还是那么大呢?”

嘟嘟说:“老师,我就放了一本书,椅子怎么还是会倒呢?”

因此,“多大才能放进我”,一个由儿童真实问题产生的数学活动应运而生。

孩子们发现,都是书,能不能放进书袋,和书的厚度相关,还和书的长度相关。

孩子们测量、比较、记录,在这样的探究当中,儿童自然而然感悟到了自然物的测量,学会了运用测量物首位相连的正确测量方法等。

最终,孩子们根据自己的认知,做了最终决定。

①书袋里最多只放两件东西。

②书袋里的东西不能超过椅子的高度。

③书袋里的东西不能超过迷宫玩具的厚度。

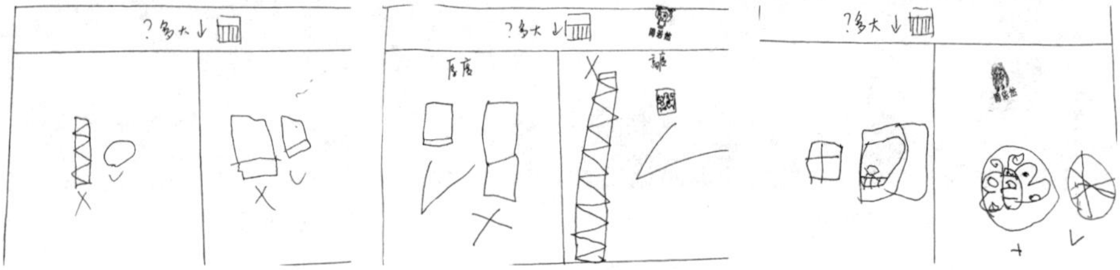

图9 孩子们制定的小规则

就这样,孩子们为自己的书袋制定了小规则,增添了自己喜爱的物品,大家都很遵守这个小规则。

关于更多的整理问题

书袋的整洁干净,让孩子们有了更多关于整理、归类的想法。

有孩子对我说:“老师老师,我们的篮筐,有的小朋友放衣服,衣服太大都挂在外面了。”

有孩子对我说:“老师老师,有的小朋友在篮筐里面放玩具,有的人还放了吸汗巾。”

我问:“那该怎么办?”

“老师,我们能不能把篮筐和柜子结合一下,柜子那么大,篮筐那么小,我们就把大的东西放在柜子里,小的东西放在篮筐里。”

“老师,你碰到这么多东西的时候怎么办的?你都是怎么放的呢?”

突然觉得让孩子们参观我的办公室是个不错的办法,这样孩子们能更直观感受物品的分类与整理。

图10 老师办公室的柜子

图10就是我办公室的柜子,孩子们首先发现的就是柜门上的标签,纷纷问我:“这是什么?”我当然没有直接告诉他们。我打开柜门给他们看,然后细心的孩子就发现,原来柜门上的标签就表示柜子中装了什么物品。接着,孩子们发现,我会按照物体的大小分类。

我还带孩子们参观了保健医生的办公室,他们发现,原来物品摆放不但可以按照大小,也可以按照功能,还可以按照使用频率。

回来后,孩子们为自己的物品摆放设计了图纸,表现他们认为怎么放更合适。这次我们发现每个孩子都有了自己的想法,并且根据图纸,让自己的物品摆放更合理,再也没有出现乱放、放得不整齐等情况,他们还会互相参观。

现在孩子们的篮筐、柜子,已经不需要我再多说,他们自己就会整理得很干净。他们也充满了成就感,经常邀请来我们班的老师去看看他们的篮筐和柜子。

老师的思考

书袋的故事到这里差不多就结束了,其实回顾这个故事,我们看到的是:在这个故事中,儿童怎样去制定规则,遵守规则。其实,规则在幼儿园的一日环节中,在幼儿园小班、中班、大班中都是永恒不变的话题,我们也经常会发现,规则和儿童自由之间存在的矛盾困扰着我们的教育。那么在这个书袋的故事中,儿童规则有哪些特点和特质呢?

1. 问题的真实性和普遍性

首先,规则应该基于普遍性来确定。我呈现的这个案例——书袋,它出现的问题,需要去制定规则,就是因为幼儿普遍都没有办法很好地解决这个问题,所以这就可以作为我们群体性规则来呈现。如果不遵守这一点会有什么问题呢?曾经,我制定过这样一条规则,起因是我看到有幼儿喜欢卷书,我便做了规则,书不能卷起来,这一条规则制定后,所有的小朋友都知道了,书原来可以卷起来,原本不知道可以卷书的小朋友,也都偷偷学了起来,接着我便看到了更多的小朋友卷书。我发现,其实一个并不是普遍存在的问题,只要个别沟通就可以了。所以规则的制定,什么时候针对群体,什么时候针对个体是非常关键的。

2. 所有规则一定要考量问题背后的真正原因

又如这个书袋,刚开始,我轻松地定位,希望幼儿最终放进书袋里的是书,但它里面放一点玩具其实有什么关系呢?只要幼儿能够遵守规则,因为我关注到了中班幼儿真实的声音,他们开始喜欢看书,但是他们同时也很爱自己的小玩具,如果这一点能满足他们,那么这个规则他们会遵守得更加好。作为老师,我们经常会发现,当发现问题时,我们会提出要求,提出规则,让幼儿去遵守,高压政策下,常常事与愿违。这也说明,直接给予幼儿规则是无效的,他们表面答应,但是内心并不接受这样的规则,他们仍旧会违反规则、忽略规则。我们班上的女孩子们特别喜欢设计漂亮的串珠,区域的规则是,设计好的串珠要挂在展示树上展示,并不能带回家,可是我们却时常发现,孩子们会把串珠戴在手上用衣服遮住或者藏在口袋里悄悄带走。我们发现后,问了一个孩子,她告诉我,串得那么漂亮的项链,想带回家给妈妈看看,原来孩子只是想展示自己的成果,想告诉更多人这是她自己设计的。我思索着,其实孩子的想法没错,于是我把展示区域从班级搬向幼儿园,并且给每个作品贴上了设计者的姓名,这些串珠出现在了幼儿园的大厅,幼儿园的社模中心,幼儿园的各个地方,幼儿会带着自己的爸爸妈妈参观，面露骄傲；我们还举办了“美丽女孩周”，让幼儿有机会把自己设计的好看的作品展示在自己身上。现在，班上再也没有幼儿把串珠带回家了。所以只有了解幼儿，倾听幼儿，才能让他们真正遵守规则。

我还记得，书袋故事里的一个小插曲，当大家都选择放书和玩具时，我们班的萱萱却说：“老师，我可以不放玩具，但是我想放剪刀和胶带，因为我需要修补我的书，我还会帮助其他小朋友修补书。”一开始我的心里是抗拒和反对的，原因是：①剪刀有隐患；②胶带粘在书袋里，一定会乱七八糟；③她完全可以去区域里修补书，为什么要把工具放入书袋呢。可是萱萱却义正词严地告诉我，她会保护好剪刀，会好好用这些工具。我看着她坚定的目光，心里挣扎一番后，还是同意了，并把萱萱的决定告诉了全班孩子，孩子们也都同意了萱萱的决定。抱着试一试的心态，我观察了两周。意外有时候就是惊喜，萱萱跟我想的完全不一样，萱萱真的做到了，完全按照原先约定的那样，而且还成了我们班的图书修补专家。那一刻我真正明白了，只有孩子成为规则的主人，规则才真实有效。

所以当这次书袋出现问题时，幼儿通过讨论、PK、调查、探索等形式，自己发现了爱惜书袋的规则，并制定了规则。幼儿自己赋予自己的权利，当然也是老师们赋予幼儿的真实权利，幼儿当然愿意遵守。

结　语

就这样，书袋一直用到了现在，我突然发现，刚开始我最困惑的：在以儿童立场为主的今天，如何来谈论儿童的规则。但此时，我发现在与儿童的对话中，这个问题不知不觉地解决了，原来规则本身也可以成为一个美好的课程。

在这个故事当中，它呈现的还不仅仅是规则，还有其他许多方面，这都是因为我们关注到儿童的问题。我相信课程最美好的部分就是老师始终能关注儿童的问题。我愿意和儿童的问题展开真实的对话，我愿意和儿童共同在这个问题中成长。

专家点评

品读了《我的小书袋》的故事，我发自内心地赞赏。这个课程事件来自闻裕顺幼儿园的生长课程，充分体现了"所有来自儿童的问题都是课程发生的起点"这一生长课程的核心思想。这篇课程故事有些特别，它源于一个幼儿规则失范事件：原本小书袋里只应该装书，可小朋友们却装了乱七八糟的东西。在生长课程的理念引导下，教师发现了幼儿规则失范行为背后的原因及发展契机，由此发生了一连串精彩的课程事件。

在保育员老师和保健医生向黄老师"告状"后，黄老师在征得幼儿同意的情况下，通过一查看、二询问，共情地理解了幼儿的想法。然后，巧妙地通过创编故事《我的小书袋》，将幼儿与小书袋的真实事件写进了故事里，以书袋的口吻诉说了其痛苦。幼儿共情地理解了自己的行为给小书袋带来的痛苦，纷纷表示要保护小书袋。这时，教师的一个问题"既然不能放那么多东西，那我们在书袋里放什么呢"，将幼儿的感性表达转入了理性思考的活动。幼儿通过讨论形成了初步结果：在书袋里可以放书、玩具、美好日记、好吃的。但究竟书包里是否可以放好吃的，有人虽然不赞同，并说明了理由，但仍难以说服那些认为应该放糖果的幼儿。这时最需要专业人士介入。在保健医生的讲解下，幼儿知道了不应将好吃的放入书袋，但同时对食品保存产生了浓厚的兴趣，并进行了调查。故事到这里仍没有结束，幼儿因放入过大的物品而导致口袋的大嘴巴合不上。于是，教师又看到了自然测量的机会，组织了"多大才能放进我"的数学活动，终于解决了孩子们的问题。

在这个案例中，教师不放过幼儿产生的每一个问题，支持幼儿深度探索"为什么书袋里只能放书"的问题。我看到了教师作为研究者的课程角色，看到了在基于问题的课程发展中幼儿积极主动的参与状态，看到了教师与幼儿在课程中共舞的曼妙身姿。

（南京师范大学　原晋霞）

树上有个圆圆的洞

南京市鼓楼幼儿园　周亚仙

持续时间:2017 年 3 月至 2018 年 3 月

年龄段:中班

“盼望着,盼望着,东风来了,春天的脚步近了……”你和孩子们有没有发现,园内的树苗开始抽枝发芽,迎春花已经簇拥着开放,玉兰花也在含苞绽放……

陈鹤琴先生说:“凡是儿童,都喜欢户外生活,都喜欢野外生活。”“要晓得户外还有美丽的花卉、可爱的禽鸟,小孩子玩赏之余,自然可以发生审美的观念、博爱的同情,于小孩子的性情知识都有很大的补助。”正因如此,大自然中的每一棵树、每一朵花、每一滴水都有它存在的价值和意义,大自然更是孩子们探索发现的神奇宝地。

发现“神秘”树洞,激发探索兴趣

午餐后,春风拂面,阳光暖暖,孩子们自由地在散步玩耍。“快来看呀!快来看呀!”突然,在操场边的树木丛里,我们听到易仁急促而兴奋地喊叫着,难道他有什么神奇的发现吗?

原来他发现了一个树洞,他从树洞里掏出好多的“籽”握在手中,高兴地大喊道:“快来看呀,这是树洞里的宝贝。”

旁边的孩子们听后都兴奋地过来围观,互相讨论着这“籽”的由来。图图肯定地说:“我认识这个籽,就是我们平常吃的橘子籽,这籽肯定是被别人放进去的。”有的孩子说树洞里还有蚂蚁、蜘蛛……大家各说其词。午睡时间到了，孩子们带着满腹的好奇与疑问，恋恋不舍地离开了操场。

图1　树洞里的“籽”

反思：“快来看呀！快来看呀！”如此急促而兴奋地喊叫，孩子们兴奋地过来围观，种种迹象表明，树洞的发现刺激了幼儿的神经，激发了他们探索的欲望。我们常说“幼儿园一日生活皆课程”，因此，作为老师，应敏锐地发现和捕捉幼儿的兴趣点和生长点，把握教育契机，积极引导。

蚯蚓进树洞，无法掏出

第二天中午散步时，孩子们迫不及待地跑到树洞旁。

易仁又大声地喊道：“老师，这儿有蚯蚓，快来看呀！”我跑过去看，原来他在地上发现了一条已经死去的蚯蚓尸体。这时，旁边的孩子们也来围观

图2　蚯蚓进树洞

了，蔓蔓大胆地拿起来，说："是蚯蚓，它死了，还是干的，硬硬的。"说完就大步地跑去昨天发现的树洞，把蚯蚓尸体塞进树洞，刚塞完她又想把蚯蚓尸体掏出来。

蔓蔓试着将手指伸进树洞把蚯蚓尸体掏出来，前面掏掏，反面抠抠，试了几次都没有成功。这时，站在她旁边的其他孩子们都帮她一起想办法，他们尝试用手抠、用树枝捅，但最后还是没有成功。

图3　蚯蚓尸体掏不出来

反思：当蔓蔓无法掏出蚯蚓尸体时，旁边的孩子帮她想了用手抠、用树枝捅的办法。可见，随着身心发展，幼儿会积极地运用自己的感官去了解、去探索新鲜事物。因此，作为教师，应提供丰富的材料和适宜的工具，为每个幼儿都能运用多种感官、多种方式进行探索活动提供条件。

讨论无法掏出原因，提议测量树洞

回班后，孩子们对无法将蚯蚓尸体从树洞里掏出的情况进行了猜测和讨论。

小龙说："蚯蚓可能被树洞里的蚂蚁给咬住了。"

蔓蔓说："不对，蚯蚓被卡在树洞里了。这个树洞好像还挺深的，我的手指可以完全伸进树洞。"

陶陶应和着说:“是呀,这个树洞是挺深的,树的两端都通了。”

易仁听后说:“这个树洞真的有你们说的那么深?那我们可不可以量一量这个树洞有多深呢?”很多孩子听了他的提议后,异口同声地说:“好呀好呀!”由此,引发了“如何测量树洞”的大讨论。

蔓蔓第一个说:“我想用尺子量。”

易仁说:“我想用绳子量。”

轩轩说:“我想用丝带量。”

小葵笑着说:“嘿嘿,我和你们都不同,我要用树叶量。”

对于利用何种工具对树洞进行测量,孩子们各抒己见,于是,我建议孩子们将自己想到的测量工具收集起来,做一次有趣的测量树洞的活动。

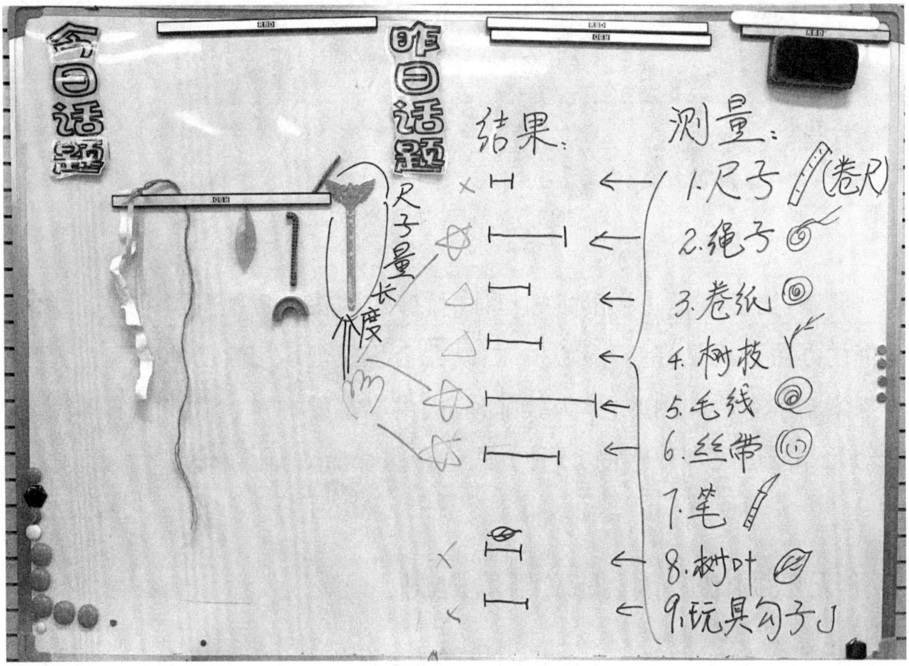

图4 “如何测量树洞”大讨论

反思:幼儿讨论无法从树洞中掏出蚯蚓的原因时,引发“树洞挺深”的新论点,并产生量一量树洞的想法。可见,幼儿对树洞的兴趣越来越浓,并在思考中尝试进行简单的推理和分析,发现事物之间的关联,不断生发新的兴趣点和探索点。因此，作为老师，应引导幼儿在探究中不断思考，并努力支持幼儿利用身边的环境并创设众多具有支持性的互动环境，来帮助幼儿建构、发展自我的认知和经验。

测量树洞，看看到底有多深

1. 测量准备

有了想法，孩子们很快就行动起来，陆续收集了各种测量工具，我将拿相同工具的孩子们分成一组，分别为尺子组、麻绳组、树枝组、丝带组、纸条组及玩具钩子组，去量一量这个树洞到底有多深。

图5 丝带组

2. 测量过程

（1）第一次测量

蔓蔓拿的是细的尺子，她直接把尺子插进了树洞，大声地说："我测出来啦，树洞有这么深。"这时，陈陈拿着粗的直尺也准备插进树洞，却被树洞卡住了。虽然这个树洞两端是通的，但不在一个水平线上，而且尺子是直的、硬的，所以尺子测量出来的结果不一定准确。

麻绳组测量时，易仁对修远说："我把绳子从树洞一边塞进去，你到反面去把绳子抽出来。"修远抽出绳子后，在绳子的两端做了标记，表示测量的结果。易仁看着绳子说："这到底有多深呢？"修远说："应该要用尺子量一下就好了。"易仁赶紧向尺子组借了一把尺子，用尺子一量，就量出来这个树洞到底有多深了。

树枝组、卷纸组、玩具钩子组也都进行了测量，但他们的测量结果都没有麻绳组准确。

图6　第一次测量

（2）第二次测量

测量活动结束以后，孩子们回到教室分享他们的测量过程和测量结果，他们一致认为，那种细细的、长长的、软软的，能够通向树洞两端的工具更适合测量。所以进行第二次测量时，他们都选择了像麻绳、丝带等绳子类的工具，大家互相配合，模仿第一次测量时麻绳组的方法，都完成了测量工作。

图7　第二次测量

3. 测量结果

测量活动结束了，孩子们看着自己测量工具上的标记长度，交头接耳互相讨论着自己的测量结果。但这些测量结果略有误差，这些误差可能是孩子们在测量时拽绳子产生的，因为绳子本身是有弹性的；另外，孩子们在用尺子量绳子长度的时候也可能有一些小小的误差。

反思：中班幼儿主要是通过感知觉以及各种操作活动认识周围世界。此时，他们对事物的认识虽然是直接、简单和表面化的，但他们对事物的操作感知是其积累认知经验的重要方式。在讨论测量工具的环节，幼儿各有各的想法，在实际测量中，他们意识到测量工具的不同，会产生不同的测量结果。第二次测量时，他们都选择了合适的测量工具，并且两人分工、合作完成测量。因此，作为老师，应支持幼儿在接触自然、生活事物和现象中积累有益的直接经验和感性认识，并鼓励、引导幼儿学习用适宜的方法探究和解决问题，或为自己的想法收集证据，最大限度地支持和满足幼儿获取经验的需要。

遇见树洞，验证猜想

测量活动结束后，孩子们仍然经常说着有关树洞的发现，由此我们围绕"树洞"开展了系列讨论。

讨论1：为什么会有树洞？

有的孩子说树洞是"虫子爬进去咬的"，有的说"可能是被雷劈的"。修远说："我觉得树洞是因为树木生长，树枝断开，变成洞，然后在洞上发芽。"

大家又开始议论纷纷，而且还坚信只有自己的想法才是正确的。听了孩子们的议论后，我请孩子们把树洞形成的猜想先画下来，然后去问问爸爸妈妈或者去查查资料，了解树洞到底是怎样形成的。于是，孩子们兴致勃勃地将形成树洞原因的猜想画了下来。

图8

YOYO：这是小鸟用尖尖的嘴巴不停地啄树，树上就出现了一个洞。

图9

轩轩：下雨天的闪电和雷打在树上，就把树劈出来一个洞。

图10

小龙：锯子卡车用锋利的锯子，把树锯出一个洞的。

图11

南南：我觉得树洞的形成有很多种原因：

① 汽车撞的；

② 树洞是小动物住的家；

③ 大树自己脱皮长出来的；

④ 被啄木鸟啄的；

⑤ 被人砍的。

讨论2：所有的树都有洞吗？

洛洛说："有的树有洞，有的树没有洞。"

元宝说："所有的树都有洞。"

小与说："只有小部分树有洞。"

轩轩说："大部分的树都有洞，因为虫子都会咬树。"

孩子们的想法各不相同，有的孩子认为所有的树都有洞，还有的认为只有一小部分的树才有洞。

讨论3：所有的洞都一样吗？

孩子们都认为所有的树洞都不一样，有的树洞深，有的树洞浅，有的树洞大，有的树洞小……树上的洞各不相同。

讨论4：树洞里还有什么呢？

诺诺说："树洞里可能有蚂蚁。"

小葵说："冬天的树洞里可能有蛇。"

西西说："树洞里有垃圾。"

树洞里可能有各种虫子，有烂树叶，有果子……

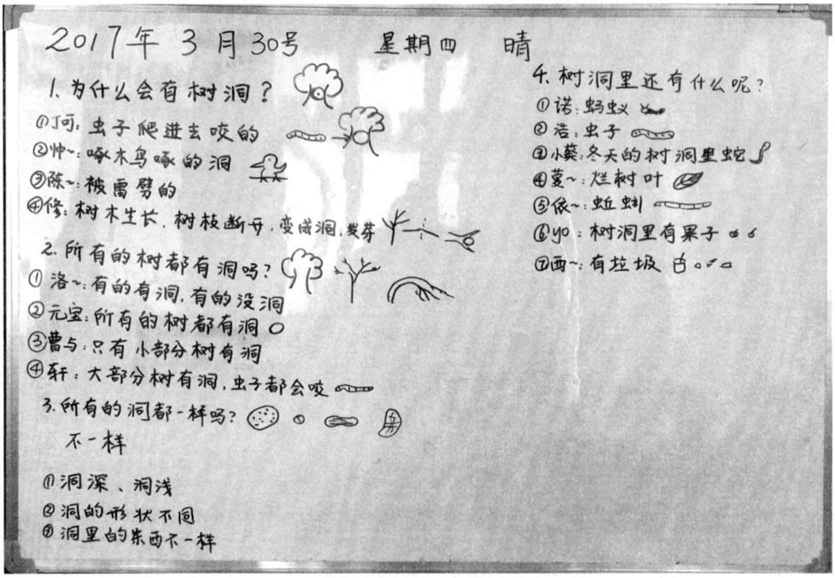

图12　我们的讨论

周末，有些孩子到公园里去玩，他们惊喜地发现公园里的树上有许多的树洞，爸爸妈妈们拍下了他们找到树洞的照片，发到我们的班级群里和老师一起讨论。这些树洞形状各异，有的长得比较光滑，看起来像一个肚脐眼；有的长得比较可怕，湿漉漉的而且已经腐烂了，看起来像一张“魔鬼”的脸……通过家长拍摄的照片，我们看见有些孩子发现树洞是很兴奋、很惊奇的，而有些孩子很害怕，露出了凝重的表情。在发现树洞的同时，他们也发现了树上一些有趣的现象，有的树上长了很多的蘑菇，有的树上长满了苔藓……

图13　孩子们找到的树洞

图14　树上长的有趣的东西

陈陈告诉我们："我发现了一个树洞。我爸爸查资料说，树洞形成的原因有三种，有的树洞是因为动物住在树洞里，就在树上挖出一个洞；有些树是到年老时，死了，形成了树洞；还有的树是缠绕其他树生长的，在生长的过程中就把树给缠死了，变成了一个树洞。"

苗苗说："老师，我也找到了一个很大的树洞。我觉得有可能是松鼠挖的洞。但我爸爸说树是被人砍后慢慢形成了一个树洞。"

小葵说："我发现的那个树洞好大呀，树洞里面湿湿的，感觉树都要死了。我爸爸查资料说，有的树太老了，还有的树可能有虫子爬进去，所以长树洞了。"

很多孩子在听到树洞形成的原因时都露出了难过、凝重的表情，他们心疼这些长了树洞的树，害怕树会死去。

反思：先猜想，后实践，幼儿走进自然，遇见"树洞"，并通过和爸爸妈妈查资料分析树洞形成的原因，部分幼儿证实了自己的猜想，并将其发现的其他有趣的现象与老师、同伴分享交流。因此，作为老师，应支持和鼓励幼儿大胆联想、猜测问题的答案，并设法验证；支持幼儿探究与分享交流，引导他们在交流中尝试整理、概括自己探究的成果，体验探究和发现的乐趣。

树洞，我们该如何对待你

苏霍姆林斯基说："一所好的学校连墙壁也能说话。"环境是一种隐性教育，幼儿的发展是在与周围环境的相互作用中实现的。在探索树洞的过程中，我们把孩子们的发现、疑问、讨论、思考、猜测、验证自己的想法等这一系列的行为都表现在我们的单元墙上。孩子们会经常站在墙前，回顾自己的活动、回顾自己的经验，他们经常互相交流自己的想法，从而形成新的认识。

图15 "树洞的秘密"单元墙

游戏时间，图图和易仁选择了"树洞的秘密"单元墙附近的棋类游戏。下棋时，图图抬头看着单元墙上的内容，突然问道："树上长了个洞，你说树会疼吗？"

易仁说："应该会疼吧。我上次手被划破了，我就觉得好疼。"

图图说："是呀。那树上长这么个大洞，那树肯定很疼很疼。"

易仁说："我手划破了，我妈妈给我贴了个创可贴保护划破的地方。那树上这个洞是不是也需要包扎起来？"

在游戏结束后的评价环节，易仁将自己和图图对树洞的讨论和大家分享，更是以自己划破手的经历举例，觉得树会疼，并且提出"这个洞是不是也需要包扎起来"的想法，希望大家一起保护这些树。于是，我们就开启了一场对树洞进行治理和保护的工作。我们请幼儿园的花工师傅做示范，用一些填充物把树洞填充起来，孩子们在旁观察、学习，他们看到树洞被填补后，觉得树应该不会那么"疼"了，总有一天树洞会好起来。

图16　树洞的填充治理

你好，我的树朋友

在研究树洞的过程中，植树节来临了，孩子们提出要和爸爸妈妈一起在幼儿园内种下希望的小苗，于是我们开展了“绿意——亲子植树活动”。孩子们在种树的时候，都表达出“我要看好我的小树苗，不能让小鸟啄洞，不能让小动物掏出树洞来，我要保护它们，让它们健康长大”的美好愿望；另外，每个孩子都认领了自己的树朋友，并贴上了自己的植物标记贴，定期去看望、观察、照料自己的树朋友，给它们捡枯树叶，浇水，为我们美丽的幼儿园增添一份绿意，为我们身处的大自然给予一点爱。

图17　绿意——亲子植树活动

结 语

杜威曾说，兴趣是生长中的能力的信号和象征。本故事中，在由树洞引发的发现树洞→测量树洞→遇见树洞→验证猜想→治疗树洞一系列活动中，幼儿的知识经验不断丰富、积累，他们逐渐有了探究的意识，并学会运用各种工具验证自己的猜想，逐步明晰和修正自己的观点；其次，幼儿在与材料、环境、同伴、教师的互动过程中，提升了自己的学习品质，获得了积极的社会性情感和态度，促进了分组、合作能力的发展；另外，幼儿还发展了他们亲自然的行为，学会了去关心生活中的一草一木，一花一树，培养了责任心，学会了去关心、爱护他们的树朋友。

“大自然，大社会都是活教材”。幼儿的兴趣点与关注点是教育的有效起点，也是幼儿真正的学习动机。因此，经常细心地观察儿童的兴趣，对教育者是最重要的。正如陈鹤琴先生说的：“教师在未定课程以前要随时随地地留意儿童的行动、好尚与兴趣之发生、持久等状况。”我们要善于在一日生活中把握教育的契机，追随儿童成长的脚步，不断为课程的生发而努力，让“活教育”不断生根发芽，实现儿童“活泼泼”地成长。

专家点评

杜威说，“兴趣是幼儿生长中的能力的信号和象征”，“重要的事情是发现这种能力”。这则课程故事不但向我们具体而生动地呈现了幼儿带着好奇、满怀兴趣从大自然中来，在大自然中循着问题探索，体验与大自然共同生活的过程，而且还向我们展现了教师“发现这种能力”的过程。

教师“发现这种能力”的专业性主要体现在两个方面：

一方面，发现、接纳、识别幼儿的兴趣进而挖掘教育契机，思考如何将这些兴趣转化为幼儿持续探索的、有价值的问题。在实践中，这种“识别”与“转化”非常重要，也很具有挑战性。这则课程故事中教师的及时性反思是一种很有价值的探索。在课程故事“结语”部分，教师能很好地结合《3—6岁儿童学习与发展指南》对幼儿的兴趣及相伴的探索行为进行解读。正是通过这样的解读，教师能敏锐且准确地抓住幼儿探索活动每一阶段的教育契机。比如，当幼儿对树洞的深度充满好奇，产生量一量树洞的想法时，教师认为“幼儿对树洞的兴趣越来越浓，能尝试进行简单的推理和分析，发现事物之间的关联”，基于这一判断教师将幼儿兴趣进行转化，“建议孩子们将自己想到的测量工具收集起来，做一次有趣的测量树洞的活动”，通过开展测量活动，帮助幼儿建构有益的经验。

另一方面，教师根据幼儿探索进程和需要提供适宜的支持，环环相扣又自然而成。比如，保障幼儿持续探索的机会，使幼儿能获得充分的体验，相关经验也得以延续；支持幼儿通过多种方式进行表征、猜想、验证、分享与交流；把幼儿探索过程呈现在班级环境当中，发挥“墙壁也能说话”的作用，幼儿与环境进行互动，经验得到生长；引导幼儿与家长一起开展“绿意——亲子植树活动”，帮助幼儿在关心、照料周围环境的过程中，进一步感知人与自然的关系。

（江苏省教育科学研究院　何　锋）

吉羊堡的故事

苏州市吴中区胥口中心小学附属幼儿园　钱丽婷　陈晓兰

持续时间：2015年3月至2016年6月

年龄段：中班

在我们幼儿园的吉羊堡里，住着两只可爱的波尔山羊“爱爱”和“美美”，在饲养的过程中，幼儿与它们开启了一段感受生命的奇妙旅行。

小羊喜欢吃什么

来到吉羊堡，爱爱、美美一直“咩咩咩”地叫个不停，孩子们纷纷拔草给小羊吃。不一会儿，阳阳和几个孩子哭丧着脸跑了过来，他们委屈地说：“老师，为什么小羊不吃我的草？”“是不是小羊不喜欢我啊？”我提醒他们：“会不会是小羊不喜欢吃你们拔的这种草呢？”他们听完迫不及待地问我“小羊喜欢吃什么草”。这次我没有直接告诉他们，而是请他们自己去猜一猜、试一试。

图1　寻找树叶、野草

孩子们和我在幼儿园里寻找各种各样的树叶、野草，还到百耕园去摘蔬菜叶子。有的拔了青菜叶、油菜花叶，有的采了香樟树叶。我们再次返回吉羊堡，大家迫不及待地去实验，有的还争论了起来：“小羊一定爱吃我拔的叶子！”经过反复尝试，孩子们开始讨论起来：“原来，小羊很多叶子都吃，但在我们摘的这些叶子中，它最爱吃四叶草和一种红色的小叶子。”后来我们回到教室，一起查阅了资料，才知道它有个好听的名字叫“红叶石楠”。

看似经常进行的喂小羊活动，也蕴藏着许多的教育契机。幼儿发现了羊也会挑食，老师顺着幼儿的疑问生成了一个小实验，请幼儿猜测小羊可能喜欢吃什么，并请他们动手去寻找各种各样的植物叶子给羊吃，进行验证。在讨论和实验中最终得出：羊也不是所有的植物都喜欢吃，比起草，我们的爱爱、美美更喜欢吃树叶，红叶石楠是它们的最爱。

软软的羊毛

小羊身上的毛白白的，像棉花糖，又像天上的云朵。不知道摸一摸会是什么感觉呢？孩子们来到羊圈里，刚走近小羊，它们就紧紧缩在角落里。“老师，我不怕，我来摸。”煜哲小朋友很神气地拍着自己的胸口说。旁边的子芮说：“你要轻一点，不要把它弄疼啦。”煜哲慢慢靠近小羊，蹲下身子伸手去摸了摸，“小羊的毛摸起来好滑呀，软软的，还很温暖。”一旁的子芮马上问：“跟棉花一样吗？”说完也大胆地去摸，边来回地抚摸边说：“好像没有棉花软嘛。”大家提出回去再摸一摸棉花，比一比到底是谁更软。回到教室后中，泽新拿着棉花揉了揉说：“棉花更加软。”我问孩子们羊的毛有什么用。大家七嘴八舌讨论起来，并在讨论的基础上查阅书籍、上网搜索，知道了人类很早以前就开始利用羊毛衍生很多羊毛制品。动物的皮毛可以保温，有的还能伪装，保护自己不受掠食动物的捕食。大家都觉得动物的皮毛真有用处，我们人为什么没有厚厚的皮毛呢？

通过触摸羊毛，幼儿感知和发现了羊毛的柔软程度，原本以为会和棉花一样柔软，但是仔细对比过后发现有区别。由羊毛的作用延伸到动物皮毛对动物的作用，丰富了幼儿的经验，幼儿开始关注动物外部特征与其功能之间的关系和动物与人们生活的关系。

爱爱、美美生病了

春雨过后，孩子们拔了好多草喂爱爱和美美吃。第二天，孩子们兴冲冲地去看望小羊，小羊们懒洋洋地趴在地上，无精打采，地上有很多烂烂的便便。

大家都很着急，觉得小羊肯定是病了。这时杨奶奶来打扫羊圈，孩子们马上围上去询问。杨奶奶告诉孩子们："小羊吃了湿湿的草拉肚子了。"知道原因后大家都很后悔，纷纷提议：要带小羊看病，要给小羊喂药。下午，园长妈妈就请来了兽医伯伯，配了土霉素。杨奶奶把土霉素混合在玉米麸皮中给小羊吃，没过几天，小羊就恢复健康啦！此后，孩子们喂小羊之前都会先检查草是不是湿的，还会提醒其他班级的小朋友不要喂小羊吃湿的草和菜叶。

幼儿通过敏锐的观察发现小羊便便的变化，主动提出感兴趣的问题，知道小羊也会因为吃了不好的东西拉肚子、生病。看到小羊生病不舒服，会联想到自己生病时的难受经历，老师及时抓住教育时机，让幼儿参与小羊生病、看病、配药、吃药到痊愈的全过程，幼儿萌发了关爱小动物的情感，同时积累了有关羊的生活照料、食物喂养方面的经验。

在课程组审议时老师们提出疑问：幼儿的探索仅仅就是围绕羊本身吗？活动仅仅停留在看看、喂喂小羊，很多都没有后续，有些活动进行到一半就戛然而止。日常的饲养照料中一些可以延伸课程的生长点我们怎样去把握和利用？如果在活动过后能让幼儿发自内心，感同身受地深入体验是不是更加符合幼儿的年龄特点？针对这些问题，我们结合幼儿在生活中的已有经验和这次小羊生病的案例尝试了一次生命情感教育。

我生病的时候

小羊生病给孩子们带来不小的触动，孩子们纷纷说起自己生病时候的感受。

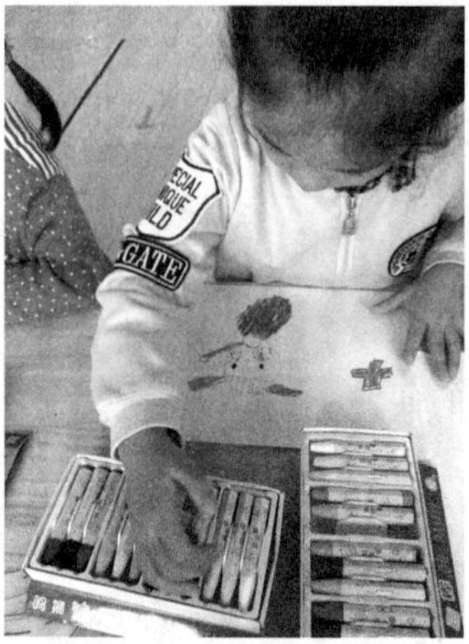
图2　画下自己生病时的故事

翔翔说："要去医院的，会打针。"

甜甜说："要在手背上挂水，很痛的！"

辰辰说："还要量体温，看看有没有发烧！"

炯炯说："我生病的时候妈妈会陪着我，照顾我的。"

大家把自己生病时候的感受和故事画了下来并且一起分享。在小朋友生病的时候，爸爸妈妈都会照顾我们，那爸爸妈妈生病了是什么感受？带着疑问，孩子们回到家采访了自己的家人，并把可以为家人做的事情记录了下来，体验一次自己照顾家人的经历。

对幼儿来说，生病、看医生是一件令人恐惧的事情，由小羊生病引发的话题给了幼儿一个很好的抒发情感的机会。虽然生病了打针吃药很痛苦，但是大家把这样的经历和同伴分享，让这种看似不美好的事情释怀。原来大家都有这样的经历呀，并不是只有我一个人害怕。幼儿明白了：身体不舒服要告诉大人，生病了吃药、打针是为了快点好起来。照顾家人的经历使幼儿体会到家人为养育自己所付出的辛劳，引发幼儿关心周围人，爱惜自己、爱惜家人的情感，对生命这个有机体进行适宜的保护。

爱爱的小秘密

孩子们像往常一样喂爱爱、美美吃草，恒恒跑过来问我："老师，你快来看，爱爱两条腿中间长了两个圆圆的球球是什么呀？"原来爱爱和美美住的小木屋四周网格比较小，羊会抬起两个前腿趴在网格上吃东西，这样爱爱的小"秘密"就暴露无遗。这个"秘密"被善于观察的恒恒发现了。恒恒的问题一时间让我很尴尬，我想了想并没有正面回答他，而是叫来了其他孩子，让他们找找爱爱和美美不同的地方。

琪琪说:“美美头上有咖啡色,爱爱没有。”

峰峰说:“爱爱有胡子,美美没有。”

兰兰说:“爱爱高,美美矮。”

雅熙说:“爱爱老是欺负美美。”

我肯定了孩子们的发现,请他们再去看看美美有没有和爱爱一样的两个球球?琪琪第一个跑过去看了看说:“老师,还真没有哎!”我笑着说:“因为美美是女生所以它没有,这就是男生和女生又一个不同的地方。”

关于性教育方面的问题,难免会让人尴尬和结舌,但是作为教育工作者,我们不能回避这样的问题。最好的性教育是机会教育,在幼儿出现困惑时进行最好。恒恒表现出极大的好奇心,他愿意与老师分享他的困惑,此时老师能够利用羊作为观察对象请幼儿寻找不同,让幼儿感受到雄性和雌性外形、器官的区别,从而间接了解到男生、女生的不同。

美美要当妈妈啦

在小朋友的悉心照顾下,爱爱、美美越长越大,有一天,孩子们惊奇地发现爱爱和美美分家了!

乐乐问:“是不是爱爱和美美吵架了?”

旁边的佳佳说:“肯定是的,我看到爱爱一直在追美美,在撞她!”

蹲在一边观察了很久的悦悦说:“美美的肚子里是不是有宝宝了?它的肚子变大了!”

乐乐又说:“那肯定是因为怕爱爱撞到羊宝宝,所以它们分家了!”

幼儿通过观察、讨论,找到了爱爱和美美分家的原因,也明白美美怀孕了,需要一个安全、舒适的环境保护好自己的宝宝。二胎时代来临,欢迎新生命到来前,家庭成员无微不至地照顾准妈妈,憧憬着新生命带来的惊喜和幸福时刻。这些都很贴合幼儿的生活,他们也非常想了解、重温和体验这种经验。

图3　美美怀孕了

我在妈妈肚子里的时候

羊妈妈的肚子一天比一天大了。你在妈妈肚子里的时候会做什么呢？孩子们开心地讨论了起来。

“我在妈妈肚子里睡觉。”

“我在妈妈肚子里跳来跳去。”

“我在妈妈肚子里吃东西。”

“我在妈妈肚子里练武功。”

……

“你们这么做妈妈有什么感觉，会怎么样呢？”

“妈妈会不舒服，肚子会痛。”

“会吃不下好吃的东西。”

孩子们还把自己在妈妈肚子里做的事情用绘画的方式表现了出来。

小毅还给大家介绍，自己的妈妈是用剖宫产的方式生下了自己。“在肚子这里开刀，我是从这里抱出来的。”小朋友们听得可认真了，都觉得妈妈真了不起！

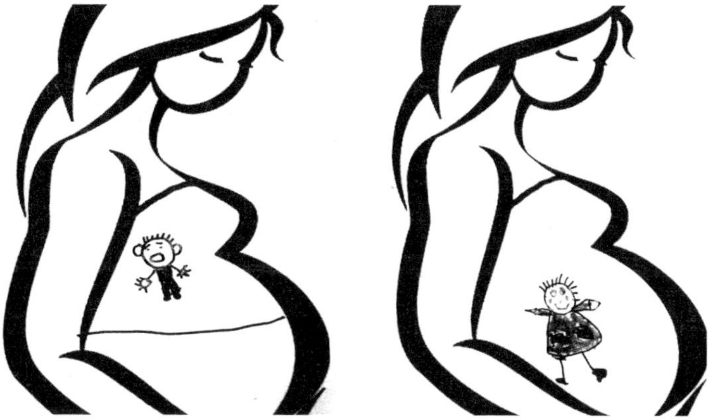

图4　绘画：我在妈妈肚子里的时候

羊妈妈怀孕让幼儿联想到自己妈妈怀孕的时候，通过分享活动，幼儿大胆地在同伴面前讲述，体会到妈妈孕育宝宝的艰辛，也表达了自己对妈妈的爱。家人对自己无私的关爱，更加激发幼儿对母亲感恩之情，他们也开始关注自己的成长奥秘。

羊宝宝出生啦

1. 羊妈妈生宝宝

2016年2月27日，羊妈妈今天很不一样，她一会儿躺，一会儿站，非常不安，屁股后面流出了水，呼吸变得很急促，她躺在地上肚子一起一浮的，嘴里发出了低沉的声音，浑身都在使劲。在保安刘叔叔的帮助下，羊妈妈生

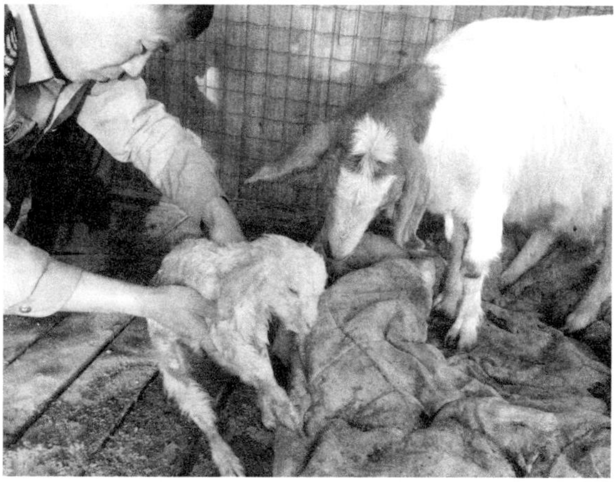

图5　羊宝宝出生

下了一只纯白的羊哥哥。羊哥哥一生下来一动也不动，刘叔叔用手将他嘴里的脏东西抠出来，倒拎起来拍它的身体(肺部)，羊哥哥咳嗽了几声，动了起来！刘叔叔马上剪断了脐带，在羊妈妈嘴上抹了点小羊身上的黏液，并用干燥的沙子抹在小羊身上。刘叔叔说："沙子让小羊身上的水尽快蒸发，避免小羊体温过低。"小羊被抱到羊妈妈身边，羊妈妈马上用舌头去舔羊宝宝。紧接着羊弟弟也出生了，弟弟生出来就胖乎乎的，比哥哥大出好多。没过多久羊哥哥和羊弟弟就站了起来，去喝羊妈妈的奶了。

2. 给小羊称体重

2016年2月29日，今天要给小羊称体重，羊妈妈把小羊保护在角落里不让人靠近。孩子们想出用菜叶子吸引羊妈妈注意力的办法，我悄悄地进去把小羊抱了出来，放在箱子里，孩子们忍不住要去摸摸小羊。雨晴说："小羊的毛好软好舒服呀！"我把箱子放在食堂的秤上开始称重，长方形的屏幕上显示出了红红的数字，哥哥2.26千克，弟弟3.38千克。哇，弟弟好重呀！

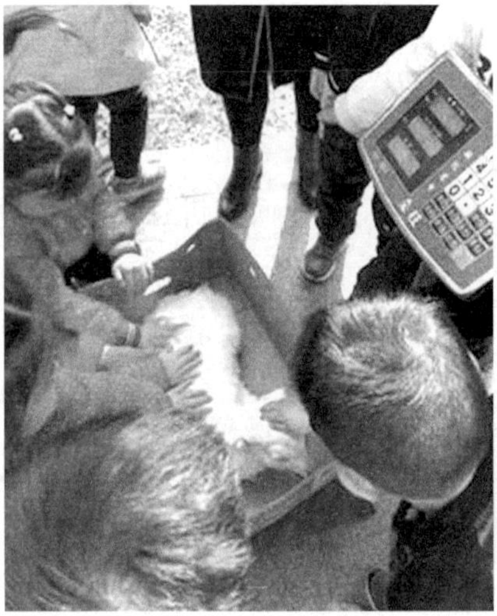

图6　给小羊称体重

3. 观看小羊出生视频

小羊出生的时候正好是寒假，幼儿没有看到。生小羊的录像该不该给幼儿看，我们课程审议的时候也进行了研讨。毕竟这是一个以前未涉及的话题，画面虽然经过了剪辑，避开了一些血腥的场景，但是我们仍旧无法预料幼儿看到后会有什么反应。商讨过后，我们把决定权交给了每个班的老师，老师们最了解自己班级的幼儿。几乎每个班级都给幼儿看了这段视频，幼儿在观看视频的时候鸦雀无声，看了一遍要求再看一遍，从他们的神情中可以看出他们感受到了羊妈妈为了生下小羊忍受了多大的痛苦！

4. 妈妈生我的时候

回到家里孩子们开始询问妈妈:妈妈你是怎么生的我呀?我出生的时候是什么样的?妈妈生我的时候肚子痛不痛啊?

第二天孩子们回来分享答案。

俊俊说:“我在妈妈的肚子里待了十个月后,妈妈的肚子变成了一个大皮球!在生我之前,妈妈肚子一阵一阵地疼,然后就被送到了医院里,在医生的帮助下我就从妈妈的肚子里生出来啦!”俊俊还带来了当时在医院刚出生时的照片:肉嘟嘟的小脸,妈妈在一旁幸福地看着宝宝!

生命诞生的时刻是令人感动的,生命的孕育也是极好的教育时机。幼儿看到真实的小羊出生的视频,真切感受到羊妈妈生小羊时的不易。幼儿的好奇心已不再满足于了解事物的表面现象,而是对生命成长过程的初探。同时视频引发了他们的兴趣与联想,从认识生命后学习尊重生命,懂得感恩,培养了他们良好的情感,激发了他们的求知欲望,促进了他们积极的思维。

5. 妈妈,我爱你

“三八”妇女节,幼儿园组织了一次“爱心包馄饨”活动,孩子们和妈妈、奶奶们一起包馄饨、煮馄饨、吃馄饨……当聊到羊妈妈是多么辛苦地生下羊宝宝时,有的孩子立马想到去喂妈妈吃馄饨,说妈妈也很辛苦,要照顾妈妈!嘉嘉的妈妈没有来,当得知嘉嘉的妈妈病重的消息,全班家长和小朋友你一百我一百,有的甚至几百地奉献爱心,在场的所有孩子都为小嘉嘉加油。

家长的身教胜于言传,让孩子们深刻地懂得了珍惜生命、感恩生命,作为一个社会人,更有一份责任把爱传递。这样的行为是教不会的,只有无声的生命教育才有如此大的力量指引孩子们在爱的路上踏实地走好每一步!

给羊宝宝起名字

孩子心灵没有尘埃,与纯朴的小动物容易灵犀相通。

——徐光《教育无痕》

带着对小动物的钟情，给小羊取名字的任务就交给孩子们了。

1. 分班推选

各班通过投票选出本班得票最高的1个名字。

图7　分班推选

2. 全园公投

各班用自己的方式对全园提名进行投票，选出投票最高的6个。

图8　全园公投

3. 亲子投票

邀请小朋友在家和爸爸妈妈一起商量，来给两只小羊选名字。

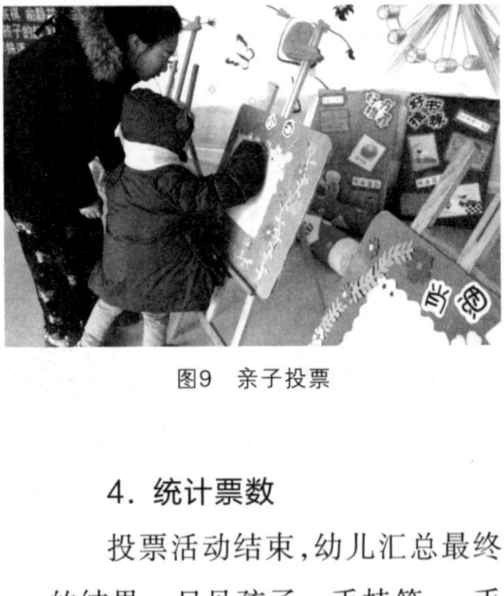

图9　亲子投票

4. 统计票数

投票活动结束，幼儿汇总最终的结果。只见孩子一手持笔，一手拿着记录表，正全神贯注地在数海报上的小标记呢。

图10　统计票数

5. 确定名字

“西西”和“乐乐”以全园最高票胜出，成为两只小羊的名字。

尊重幼儿的兴趣与需要能更好地激发幼儿活动的积极性，老师们大胆放手请幼儿为小羊取名字，在为小羊取名字的过程中，幼儿讨论、推选、投票、观察、记录、统计，也发展了他们的倾听表达、合作交流、观察感知能力。

小羊满月啦

1. 小羊断奶

一晃小羊都快满月了，杨奶奶告诉我们，小羊们长大了，羊妈妈可以不喂奶了。孩子们议论着小羊会吃什么，他们忍不住摘了点新鲜的菜叶子给小羊，它们马上凑过来抢着吃。小朋友都说自己也要多吃点饭，可不能被小羊赶上。小羊长得可真快，一个月就可以断奶了。我们一个月的时候还在喝妈妈的奶呢！

2. 我的满月趣闻

孩子们不由得想起了自己满月的时候，会做些什么。乐乐说：“我明天把我小时候的照片带过来给你们看看。”这下可热闹了，第二天，晨间谈话变成了一个“我的满月趣闻”分享会。小朋友们看着一张张满月照，一起猜一猜是哪个小朋友。

小杨说：“我们和小时候不一样了，长大了。”

晨晨说：“我满月的时候，喜欢躺在柔软的床上，啃自己的小手。妈妈说为我办了满月酒，第一次看见那么多人，我兴奋地‘咯咯’直笑，把客人都逗笑了。”

小羊的满月让幼儿自然引发对自己生长经验的体悟。他们回家收集小时候的照片和有趣的事，在谈话活动中与同伴分享着成长的喜悦，认识到自己不仅身体在长大，本领也变大了，感受着成长与变化，产生长大了的自豪感。

画小羊

羊宝宝长得什么样？幼儿仔细观察：一只羊宝宝长得像妈妈，有着短短的、卷卷的毛，头上也有咖啡色的图案；另一只像爸爸，是滑滑的、顺顺的毛，浑身雪白雪白的，幼儿用稚嫩的笔触把它们画了下来。

图11　小羊写生

图12　我眼中的小羊

幼儿通过观察小羊的外形特征，用绘画的方式记录下了小羊的生长状态。在观察、绘画的时候还区分出了小羊之间的不同点，幼儿细致观察事物的能力得到提升，绘画之后的交流分享也发展了幼儿的语言表达能力。

小羊有多高

每次带着孩子们去看羊宝宝时，都会听到："哇，羊宝宝又长大啦！""乐乐又长高了！""那小羊到底有多高呀？"于是我们决定一起去给小羊量身高。量之前，我问孩子们怎么给羊宝宝测量身高，我们需要什么工具。孩子们开始讨论，有的说可以用给小朋友测身高的身高体重秤，我们马上去保健室借，可是踏板太小了，小羊的四只脚没地方站啊！回到教室，我们搜集了直尺、塑料积木、木制积木、毛线、芝麻秆等来帮助测量。

测量的时候小羊可爱乱动了，我们请阿姨帮我们稳住小羊，其他小朋友在一旁安慰小羊。诺诺把芝麻秆一头放在小羊的前脚底，紧紧挨着小羊的身体。咦？接下来该看小羊什么地方，是头还是背呢？一时间我也有点摸不着头脑，后来想到给小朋友量身高的方法，对孩子们说："小朋友们量身高的时候是从脚量到哪里呢？"诺诺惊呼："我知道了，要看小羊的头在芝麻秆的哪里！"说完一本正经地比画小羊脑袋在芝麻秆上到达的位置，告诉伙伴们小羊有芝麻秆的一半那么高。悦悦测量完告诉大家："小羊有一把尺子那么高了，就在数字40那里！"说完两人在芝麻秆和直尺上做了一个标记，提醒别的小朋友："小羊长到这儿了，下次我们再来量一量！"

给小羊测量完身高后小朋友们都感叹真辛苦！原来要做成一件事情除了要有工具、伙伴们的帮忙，更重要的是还要开动脑筋。要想知道小羊有多高，芝麻秆、绳子都可以用，不过尺子最厉害，因为它能告诉我们具体的数字是多少，这样我们就能告诉全幼儿园的小朋友小羊已经有40厘米高了。孩子们深刻感受到生活中许多问题都可以用数学来解决，数学真有用。

羊爸爸要走了

1. 羊爸爸，我有话想对你说

当孩子们得知羊爸爸为了给羊宝宝和羊妈妈提供更宽敞的空间而需要离开时，都很不舍。

多多说："我要造一个有楼梯的房子，让羊一家住一起！"

涵涵说："我要替羊爸爸照顾好羊宝宝！"

忧忧说："我要打包嫩嫩的小草快递给羊爸爸！我爸爸出差时，我们就寄了很多好吃的给爸爸！"

图13　绘画：想对羊爸爸说的话

第二天幼儿通过绘画的方式把想对羊爸爸说的话记录下来(见图13)。羊在幼儿的心中就像家人一样重要,幼儿运用自己的生活经验,想方设法为羊一家解决问题,试着挽留羊爸爸,体现了幼儿的责任感和使命感,尊重生命、关爱生命的情感自然萌发。

2. 再见啦！羊爸爸

和孩子们散步到百耕园时,看到吉羊堡处停了一辆面包车,浩浩大声喊道:“不会是羊爸爸要走了吧！”孩子们开始向面包车奔去！可惜,还是来晚了一步,羊爸爸已经上车离开了。

车子渐行渐远,孩子们不停地挥手,有的孩子呆呆地看着车子,有的孩子难过地抱着头,有的孩子对着开走的车大喊:“羊爸爸,你去哪儿？我们会来看你的！”直到车子离开幼儿园,他们想起了羊妈妈和羊宝宝,对着羊妈妈和羊宝宝说:“以后,我们会照顾你们的！”

这时,小杰问道:“为什么羊妈妈不吃草？”果真,羊妈妈什么也不吃,就呆呆地站着。嘉嘉说:“肯定是羊爸爸走了,羊妈妈很伤心。”于是, 孩子们围着羊妈妈,有的安慰羊妈妈说:“别难过！你还有我们！”有的唱歌给羊妈妈听……

图14 羊爸爸走了

在陪伴小羊变成羊爸爸、羊妈妈,再到送走羊爸爸的点滴过程中,幼儿的情感越来越细腻;他们体会到动物和人类一样,拥有喜怒哀乐,会害怕分离与孤独,也需要大家的关心与爱护,当幼儿体会到这样的感受后,便会对生活中各种事物产生莫大的同情与关爱。

3. 羊爸爸离开引发的小插曲

自从羊爸爸走了，孩子们总是问：羊爸爸会不会被人家杀掉吃了？它到底生活得好不好？

嘉嘉的妈妈4月底被病魔夺走了生命，也突然不见了。小朋友时不时谈起这个话题。小嘉嘉一直思念着她的妈妈，在她的眼神里总是藏着许多不明白。

我找来了绘本《麦先生的旅行》，静静地和孩子们一起欣赏。我让孩子们讨论：嘉嘉会找到妈妈吗？为什么？孩子们的回答真得让我惊讶：她妈妈再也找不到了；因为嘉嘉妈妈已经在天堂了；她会找到一个新妈妈，因为爸爸总要有妈妈陪的。

听完小朋友的话，我把嘉嘉拥在怀里告诉她："妈妈虽然不能陪在嘉嘉身边，但一直会在天堂关注你的。嘉嘉要像麦先生一样，勇敢地面对现实，试着把爱给别人，让更多的人来爱你。以后，爸爸可能会帮你找个新妈妈，又有妈妈爱你了，在天堂的妈妈就会放心了。"此时的嘉嘉泪如雨下，很多孩子也在流泪，他们和嘉嘉一起感同身受。

一个绘本解救了一个心灵，也让懂爱的幼儿更加珍惜完整家庭里爸爸妈妈的爱。幼儿幼小的心灵难以承受这种生离死别的打击，对"羊爸爸走了"产生疑惑其实折射了幼儿的心理，他们现实中也许还会遇到很多困难，如：家中老人的离去，亲戚朋友的别离，爸爸妈妈的离异等等。假如不及时关注他们的心理想法，就会给幼儿带来无限的伤痛。关注幼儿生活与心理，巧妙利用绘本，解开他们心中想不明白的问题，让他们直面真实的生活，勇敢地去迎接生活中的挑战。

结　尾

吉羊堡的故事启发我们将饲养活动延伸到家庭和社区，倡议家长和幼儿一起饲养小动物，以满足幼儿的探究需求。幼儿和家长在家庭中的饲养故事也流传到了幼儿园，饲养中的观察记录、写生探究、有趣故事在班与班

图15　家庭中的饲养故事(一)

之间以及全园进行了分享。例如，妈妈和我一起放飞小喜鹊；奶奶教我们养蚕；爸爸和我们给小羊称体重(见图15)；妈妈带着我在乡下帮蚕宝宝找桑叶(见图16)。我们协同家长，支持幼儿在接触自然、生活事物和现象中积累有益的直接经验和感性认识，引导幼儿感受生命、了解生命、珍惜生命。

图16　家庭中的饲养故事(二)

专家点评

吉羊堡就是幼儿园养着的两只小羊的“家”。故事里，两只小羊生了两只羊宝宝，然后羊爸爸离开，后来羊妈妈生病也去世了。当然，故事里不会只有羊，更重要的是幼儿园里的孩子。正是孩子们的好奇、发现、思考，还有他们的爱与情感，才赋予了故事的美丽与我们的丝丝感动。

《吉羊堡的故事》是关于羊的故事，既有日常生活的故事，譬如关于羊吃什么，长的什么样子，羊的性别，便便怎么样等等，也有“非正常”事件发生的故事，譬如，羊生病了，生羊宝宝了，羊的离开等。在故事里，老师陪伴着、支持着，也引导着孩子们去感知、观察、发问、探究、谈话、体验、感悟，由此而生成了一系列课程实践的过程。正是作为生成的课程系列，故事贯穿着了两大基本线索，一个是关于自然的生命与成长的线索，穿透着真实的认知力量；另一个就是社会性的感恩亲情的线索，融汇着情感的力量。两条线索在课程实践中是清晰的，也是平行的，呈现出课程建设融合科学与人文两种取向的文化宽厚。

这个故事透着真实的力量。这其中，有一点颇令人有所感悟。给孩子提供一种课程的经验，我们总强调要多给予对孩子美好的、轻松的东西，尽量回避让他们心理上有压力的东西，因为这个阶段的孩子毕竟有这个阶段的孩子看待事物的稚嫩和局限。但是不管怎么讲，我们还是生活在现实当中。生活有快乐，也有忧伤，有生老病死，有悲欢离合。其实，我们完全可以利某种契机，让孩子意识到生活有团聚也会有分别，有生命的诞生，也会有生命的死亡。或许，在这一点上，《吉羊堡的故事》能够给予我们的一种启示。这个故事里，还有一个很有趣的细节：小公羊“爱爱”它一爬起来，两腿间露出圆圆的两个东西，这个被孩子发现的“秘密”，恰是幼儿认识动物性别的教育契机。教师就没有回避孩子的这个发现，而是以幼儿这个年龄的认知层次，适宜地尝试引导幼儿去认识和理解，这便是教师应有的一种机智与从容。

（福建师范大学　丁海东）

石榴熟啦

南京市鼓楼幼儿园　张唯霞

持续时间：2017年9月1日至2017年10月13日

年龄段：大班

发现石榴树，释放兴趣

开学第一天，我们从教室后门出去进行户外活动，刚出门丫丫就叫起来："哇！我们的新教室门口有一棵石榴树！"其他孩子听到也纷纷围了过去。笑笑说："真的呢！上面有好多石榴，石榴好大呀！"豆豆说："这就是石榴树啊！好高。"丫丫开心地拍手："原来的瑞园（大班更换了园所）没有石榴树，只有柚子树和橘子树！"我对孩子们说："我们去玩游戏吧！"大部分孩子都跟着走向操场玩游戏去了，丫丫和另外几个孩子还围着石榴树，丫丫说："我要在这看石榴树。"另外几个孩子也附和，他们在石榴树下这边看看，那边看看，地上找找，直到户外活动结束才恋恋不舍地离开。

图1　看石榴树

反思："我们的新教室门口有一棵石榴树！"一个孩子对新环境的发现一下子引起了其他孩子的浓烈兴趣，他们对石榴树产生了好奇心。陈鹤琴先生认为"小孩子好奇的"，作为教师，我们要充分利用自然和实际生活中的机会，发现、尊重和保护幼儿的好奇心，如果教师忽略了这些，那么孩子的好奇心与探究就很有可能消失。

杜威认为：教育即生长，教育即生活，教育即改造。在幼儿园的一日活动中，幼儿在与教师、同伴、环境的交往互动中所激发的想法、愿望、情感、行为方式往往就是我们生成活动的起点，因此，组织好生成活动的一个重要前提就是要学会做一个“有心人”，用一颗敏感的心去关注幼儿在园一日活动中的行为表现，他们在做什么，说什么，他们发现了什么，关注着什么。

持续观察石榴树

第二天同样的户外活动时间，走到石榴树下，洋洋伸手摘了一个最下面的石榴，丫丫生气地说：“你干什么呢？”洋洋捧着石榴看：“我想吃这个石榴。”丫丫说：“这个这么小，还是绿色的，肯定没有熟。”其他孩子也附和：“是的，是的，现在还没有熟呢！不能吃。”洋洋说：“那好吧！我等它熟了再摘吧！我把这个放到教室里的生活区去。”

从这天开始，孩子们每天户外活动的时候都要去看看这棵石榴树。到第二周户外活动时，丫丫抬头看着石榴树说：“这石榴怎么还是青的啊？”洋洋指指石榴树说：“你看，最上面的那几个石榴，那几个有点红了。”丫丫顺着看过去，惊喜地叫道：“上面那几个有点红颜色了，还长大了。”乐乐说：“比洋洋上个星期摘的那个大。”

周五下午到了记周记的时间（孩子每周都有记周记的习惯），妞妞说：“老师，我想到外面去记石榴树。”我点头说：“那就去吧！”于是好多孩子拿着自己的周记本，搬起小椅子，坐在石榴树下，观察讨论起来。乐乐说：“石榴树好高，上面的叶子小小的，有点像椭圆形。”妞妞说：“石榴的颜色是青的。”踢踢说：“石榴的下面是有个小尾巴的。”彤彤说：“石榴的尾巴像肚脐眼。”月月说：“石榴树上挂满了石榴。”孩子们观察完才开始动手画起来。连续几周好多孩子的周记本中都出现了这棵石榴树，每周记的石榴树都不一样。可见孩子们对这棵石榴树很感兴趣。

图2　孩子们先观察讨论再画石榴

反思：不管幼儿是户外活动时去看石榴树还是到外面去边观察石榴边记周记，教师都尊重并支持他们的选择。幼儿自己通过观察和比较，发现石榴每一周都有着不同变化，在这个持续的观察、比较过程中，幼儿对石榴树的兴趣也越来越浓。作为教师，我们要在尊重幼儿意愿和选择的基础上，通过各种方式引导幼儿思考并对事物进行观察、比较和连续的观察。瑞吉欧的《儿童的一百种语言》中提到："儿童天生就是艺术家，他们能够广泛运用各种不同的象征语言和其他媒介来表达自己对世界的理解。"通过绘画的方式记录是幼儿选择的一种表达方式，他们先仔细观察再进行绘画，可见幼儿是会观察的。观察的教育，不仅能激发幼儿学习的兴趣，还能促进幼儿人生态度健全地发展。

石榴熟啦

孩子们每天就盯着这棵石榴树，眼看着石榴越长越红。国庆长假后回园第一天，孩子们惊喜地发现石榴都红了，有的石榴已经开始往下掉了，孩子们急了："老师，老师，石榴再不摘就得掉光了。"我问："石榴熟了吗？"丫丫说："应该熟了吧！都红了。"洋洋提议："我们可以先摘一个看看。"丫丫连忙说："对对对，这个方法好。"大家都觉得这个方法可行，于是去外面摘了一个石榴，请保育老师帮忙打开，孩子们都尝了尝，刚尝完就迫不及待地说："老师，石榴很甜，真的熟了，我们可以摘了。"

反思：在确定石榴到底熟没熟时，幼儿不仅能够想到去观察外表，还能想到再去尝一尝味道，这都反映了幼儿全面观察的能力，这也是精密观察的首要条件。作为教师，我们要有意识地引导幼儿观察周围事物，学习观察的基本方法，培养观察与分类能力。

怎样才能摘到石榴

图3 用手够不到石榴

幼儿园以前采摘果实都是花工和孩子们一起来完成的，因为我们担心孩子上上下下的不安全，但是这一次我们想放手给孩子，希望看到他们在遇到问题时是怎么解决的。于是我就跟孩子们说："那就摘吧！但是要你们自己想办法。"孩子们很开心，站在石榴树下准备摘石榴，可一伸手发现石榴太高了，他们跳了跳，怎么也够不着，于是站在树下热烈地讨论了起来。

小雨说："我觉得我们要爬到树上摘。"

彤彤说："我们可以搬桌子。"

丫丫说："我们可以找个梯子，爬在树上有点不安全。"

昊昊说："可以用根棍子把它打下来。"

丫丫反驳昊昊说："打下来，石榴就烂了，不能吃了。"

…………

我问："你们觉得哪些方法是可行的呢？"

乐乐说："我觉得搬桌子、椅子、梯子都是可行的。"

我又问："这些东西哪里有呢？"

孩子们七嘴八舌地说："我们可以在幼儿园里找。""教室里就有。"

孩子们的想法很多很有趣，我建议他们用绘画的方式记录下自己想出来的摘石榴的办法。

图4　摘石榴的方法

反思：幼儿想出来的很多摘石榴的方法都是我们没有想到的，说明幼儿对自己感兴趣的事情不仅能够迁移和分享经验，还能建构活动的初步方案。作为教师，我们要尽可能用幼儿的眼光看世界，用幼儿的心灵感知世界，用幼儿的语言表达世界，在充分了解幼儿想法的同时，进行有效的分析，帮助幼儿找到问题的核心，鼓励和引导幼儿学习做简单的计划和记录，并与他人交流分享，从而推动活动的进行。

我们一起摘石榴

1. 分组寻找合适的采摘工具

大家开始分小组寻找工具。我们班在一楼，有利的位置给孩子们寻找工具提供了便利的条件。

第一组的孩子们直接进入教室将最靠近门的桌子往外搬，四个人一人抬一边，另外几个孩子每人搬了一张老师坐的椅子。到了门的位置，抬桌子的人发现出不去，门太小了，昊昊就跟其他几个孩子说："桌子旁边的人到后面去，我们把桌子侧过来一点。"其他孩子听了照着做，桌子就这么抬出了门，放

图5　抬桌子

到石榴树下。优优转身又回教室，拿来了一个筐子，我问她："你拿筐子干吗？"优优说："摘下来的石榴可以放到筐里面。"

第二组的几个孩子在走廊上找。他们走到一个空教室门口，先从门口的玻璃窗朝里看，大壮兴奋地跟皋皋说："你看，你看，那边墙旁边有个梯子。"说着他想打开门，却发现门锁了。大壮问我："老师，这个门怎么打不开啊？是不是锁了啊？钥匙呢？""钥匙应该在朱园长那儿。"我才说完，大壮就跑到楼上园长办公室去了，不一会儿就下来了，拿着钥匙说："我拿到钥匙啦！"说着就把门打开，两个人到墙边把梯子抬出教室，抬到石榴树下。他们想把梯子立起来，却发现很困难，梯子实在太重了。两个人把梯子放平，把顶端往上推，但下面的脚并着还是立不起来；他们尝试先把梯子侧着，把两边的脚打开，再往上推，但梯子太重了，两个孩子力气不够，推不动；这时，彤彤来帮忙，她帮忙扶着梯子的顶端往上推，还跟大壮说："你把梯子那一边的脚扒开来。"就这样，三个孩子一起把梯子先立了起来，再在两边抬着走。

图6　到空教室找梯子

图7　立梯子

2. 采摘石榴

图8　站在桌上摘石榴

第一组的豆豆和优优迅速爬上桌子，伸手摘下面树枝上的石榴，拽着摘了好久。这时，昊昊突然跑走了。我跟着他，发现他去美工区先看了一下牛排刀，然后拿了一把剪刀回到原地，把剪刀递给优优,说:"用剪刀就可以剪下来了。"原来这是他看到别人在摘石榴的时候用手摘不下来,于是想到去寻找剪刀。递完剪刀他在下面扶桌子、椅子,也不往上爬,都是在做配合工作。在团队中,这种角色真的是很难能可贵,也非常重要。一边的石榴很快就被摘完了,他们抬起桌子到另一边没有采摘过的树枝下面,继续采摘。

图9　爬上梯子摘石榴

图10　找能摘得到的石榴

第二组的大壮和皋皋把梯子挪到比较高的树枝下面,彤彤开始往上爬。感人的一幕出现了:月月赶忙跑过去抱住梯子的腿,其他孩子看到也纷纷去帮忙,保护上面的孩子,这完全是没有老师的提醒的自发行为。彤彤伸手就摘到了石榴,她往下下了两个台阶,把手上的石榴递给下面的月月,又继续摘。当她摘完这一片的石榴下来想把梯子抬到另外的地方时,还是皋皋和大壮一起帮忙,两人把梯子脚合了一点,抬起梯子,这时梯子就要倒了,彤彤大叫:"要倒了,要倒了,先放下。"两人赶紧放下,彤彤建议:"我们不要抬起来,就抓着两边在地上挪,这样就不会倒了。"三人合力按照彤彤的方法尝试了一下,梯子果然不再倒了,就这样孩子们换到另外的地方继续摘。

孩子们三三两两一组,配合得相当默契,有的在上面摘,有的在下面配合,还有的孩子拿着椅子围着树找站在椅子上就能摘得到的石榴。

3. 收拾整理工具

石榴摘完了,孩子们开始收拾工具。皋皋开始收梯子,寻找角度、保持平衡,他大喊道:"大壮,快来帮帮我,太重啦!"大壮上前帮他扶着梯子,慢慢放倒、合上,然后他俩一前一后地就这么抬走了。

图11　收拾整理工具

反思：大班幼儿的分工合作能力在此活动中体现得很明显，在遇到困难时他们能一起克服，努力达成目标。作为教师，我们要多为幼儿提供需要大家齐心协力才能完成的活动，让幼儿在具体活动中体会合作的重要性，学习分工合作。

幼儿摘石榴爬桌子、扶梯子时，不仅能考虑自己的安全，还能顾及同伴的安全，这也解决了我们前面担心的安全问题。作为教师，我们要帮助幼儿养成良好的习惯，提高自我保护能力。幼儿身心发育尚未成熟，我们要精心呵护和照顾，但不宜过度保护和包办代替，以免剥夺幼儿自主学习的机会，养成他们过于依赖他人的不良习惯，影响其主动性、独立性的发展。

摘石榴的过程是幼儿在行动中学习的过程，放手给他们，让他们在自己探索的过程中积极动手动脑解决问题。我们也发现幼儿在面对他们自己想做的事情的时候，总是能够拿出百分之百的精力和努力去完成。教师应该成为幼儿活动的支持者，在幼儿与学习媒介间，搭建互通的桥梁，将发展的主动权给幼儿，从而真正实现幼儿在原有基础上的适宜发展。

石榴是什么样子的

回教室后，孩子们对自己采摘回来的石榴爱不释手，都觉得自己的石榴又大又好看。

孩子们不停地数他们摘了多少石榴。月月自豪地跟大壮讲："大壮，我的石榴比你的石榴大。”大壮不服气，把他的摆在月月的旁边，果然比月月的小。他又把两个石榴都拿起来放手心，跟月月说：“但我的比你的重，我的肯定水分更足一些。”乐乐开心地拿着自己的石榴不停地看，说：“石榴像章鱼一样，有脚。”洋洋说：“还有点像火箭。”豆豆问：“那石榴里面是什么样的呢？”乐乐说：“我觉得石榴籽是白的。”婷婷说：“我觉得不是，应该是红色的，我在家里吃的都是红色的。”孩子们都猜想了起来，每个人想法都不一样，他们迫不及待地想把石榴打开来看看里面到底是什么样子的。

反思：观察石榴的外形时幼儿还进行了“石榴里面是什么样子的”猜想，纷纷表达了自己的理解和想法。作为教师，我们要支持幼儿自发的观察活动，对其发现表示赞赏。

怎么打开石榴

孩子们迫不及待地开始动手，乐乐开始用手抠皮，可石榴怎么也不听话，抠不开。其他人也是，这时洋洋起身去生活区，拿来了一把牛排刀，其他孩子看到也学洋洋去拿牛排刀，拿起牛排刀就切，可圆溜溜的石榴还是不听话，牛排刀在上面打滑。当大家都一筹莫展的时候，“啊！我切开了一个口子！”乐乐欢呼起来，大家都瞧过去，发现乐乐果然切了个口子。彤彤问：“乐乐，你是怎么切的？”乐乐说：“我是从石榴有尾巴的地方切的，那边有尾巴好切一点。”其他孩子开始按照乐乐的方法尝试，果然切出口子了。他们再用手直接撕皮，石榴终于打开了。

石榴里面还真不一样。月月说：“这里面的石榴籽有白色，也有红色，有的还带点粉色呢！”洋洋说：“我看这里面像马蜂窝一样，密密麻麻的。”乐乐说：“像米粒一样，一粒一粒的。”剥石榴籽也不容易，要一粒一粒地剥，不然皮就会连着籽。剥完后，洋洋说：“剥石榴太辛苦了，以后妈妈剥的时候我会帮她的。”其他孩子也纷纷表示以后也要这么做。

反思：看到别人用牛排刀，其他孩子也纷纷模仿，这就是陈鹤琴先生说的“儿童教儿童”。打开石榴的过程其实是幼儿通过多感官学习的过程,我们要支持幼儿与同伴合作探究与分享交流, 引导他们在交流中尝试整理、概括自己探究的成果,体验合作探究和发现的乐趣。

品尝石榴

1. 剥着吃

有的孩子在剥石榴的时候,就已经忍不住尝了起来,彤彤说:“我这个好甜啊! ”月月说:“嗯,有点苦。”豆豆说:“我的这个有点酸。”大家讨论了起来,为什么有的酸、有的苦、有的甜。大壮说:“你的苦肯定是你自己吃到了皮。”妞妞说:“我觉得酸的可能是还没有熟透。”彤彤说:“我这个甜的,肯定是熟了,而且外面的皮也有点红。”

图12 剥石榴

我们建议孩子们带饭盒过来,把剥下来的石榴籽带回家跟爸爸妈妈一起分享。晚上家长在群里留言:“今天吃到了宝贝亲手摘的、剥的石榴,宝贝真的长大了,好幸福!”“幼儿园的果实好甜蜜。”“小家伙回来不停地跟我讲今天她是怎么摘石榴的。”“大自然的给予让宝贝懂得了感恩。”“我家宝儿天天带着我看门口的石榴树,总是念叨着什么时候能摘,今天终于尝到了,果然香甜。”“平时不吃石榴的宝儿,今天愣是把石榴吃完了,果然还是自己动手的更香。”等等。家长们也很认可这样的活动。

2. 还能榨汁喝

我问孩子们:“石榴还可以怎么吃?”

月月说:“我喜欢吃石榴,妈妈经常给我榨汁喝,我们生活区里有榨汁机可以用。”

图13　榨石榴汁

我说:“那你们试一试吧!”

尝试开始了。第一次,月月放了几勺石榴籽,启动开关,榨汁机下面转了起来,发出很大的声音。月月和小伙伴立刻离得远远的,她拍了拍自己的胸口说:“吓死我了。”榨汁机停下来的时候,里面的石榴籽并没有变成汁。大壮说:“我们石榴籽是不是放少了啊?”于是两人继续往里面加石榴籽,加得满满的,然后开了开关,机器转动起来了,却不停地有石榴籽蹦出来,月月赶紧上前用手捂住上面的口。后来她把榨的石榴汁倒出来尝了一下,顿时笑开了:“好甜啊!就是有点渣子,喝起来有点渣渣的。”月月喝完开始第二次尝试。这一次她放了半桶石榴籽,转动的时候也不再离得远远的,还从上面的口中观察里面的转动情况:“你看,大壮,里面转起来有个漩涡哎!”再将石榴汁倒出来的时候,他们加了一个过滤网进行过滤,品尝时说:“这回口感很好,不再有渣子了。”在尝试中,孩子们发现石榴籽放少了,榨汁机转动不起来;石榴籽放多了,会从上面的孔里面蹦出来。在自己尝试的过程中,孩子们知道了该加入多少量的石榴籽才合适。回家后有的孩子就要求爸爸妈妈给他们榨石榴汁喝,还尝试榨了不同的水果。有爸爸妈妈反映说:“今天孩子在幼儿园喝了石榴汁,回家后一定要榨石榴汁给我们喝,说特别甜。我们尝了果然特别甜。”“娃儿现在看到水果就想榨汁,已经尝试了三种,每一种水果的出汁量都不一样,他还认真地拿了张纸将每种都记录了。”可见对这次活动孩子们兴趣很浓。

反思:在榨石榴汁的过程中,幼儿不断地尝试,这个过程是幼儿直接经验的获得。我们要允许幼儿反复尝试,同时应注重引导幼儿通过直接感知、亲身体验和实际操作进行科学学习。

爸爸妈妈的分享

石榴是秋天收获的水果,除了幼儿园里的石榴,还有其他很多秋天收获的水果。家长们看到孩子们对石榴这么感兴趣,因此也想办法从别的地方找来了带叶子的水果如柿子、大枣、柑橘等,给孩子们观察和游戏,并在“家长园地”“家长专栏”中分享带孩子们一起发现的秋天。

图14　家长园地、家长专栏中分享的内容

结 语

我用手机拍摄了幼儿的探索过程，并用便签式纸条进行了记录，再用视频制作的方式进行了汇总作为资料留存。教师可以通过持续、细心地观察和倾听幼儿，采用如手机、录音机、幻灯机、笔记本、便签条等不同的工具，从不同的角度对幼儿在主题探索活动中的表现进行原始材料的收集、记录。在整理记录的汇总过程中，教师要对各项记录进行选取，同时也要不断地思考，包括对教学策略的思考，对幼儿认知方式的思考，对方案在不同阶段的进展状况的思考，对幼儿使用多种符号表征世界的方式的思考，让自己再一次聆听与回顾教学工作中的对话，为自己提供更加了解幼儿想法与做法的机会，帮助自己决定方案的下一个步骤与路径。

那些和我们拉着手一起走的孩子们渐渐长大了，他们开始拥有自己的想法和步伐。这时，教师就要适时地松开紧握的手，用信任的目光、鼓励的话语、精密的观察、翔实的记录和言传身教的行为架起孩子接近梦想的云梯。

专家点评

如今的幼儿园越来越意识到树木的重要性，幼儿园的各种树木尤其是果树，包含了重要的课程内容。因此，尽可能多种植一些果树，就是丰富课程资源，也是充实课程内容，更是扩展幼儿的经验。每一个幼儿都期待自己的幼儿园有一片果林，能带来他们惊喜、惊奇，带给他们愉快和经验。

石榴树上的石榴快熟了。幼儿会经常去观察它们，甚至还会写生。这是儿童对石榴树及石榴认识和关注的方式。幼儿在画面中表达自己对石榴树和石榴的认识和情感，甚至想象，因此，给予幼儿亲近石榴树的机会是非常重要的。

当石榴成熟了的消息传来，摘石榴的愿望马上爆发出来。这是收获，这是亲近，这是探索，这是发现。为了把石榴摘下来，幼儿会充分调动自己的智慧，发挥自己的聪明才智，努力解决眼前的问题。这就是学习，就是在解决生活事件过程中的学习。事实表明，幼儿有足够的能力去应对各种挑战。

对于幼儿来说，剥石榴和品尝石榴是不可缺少的环节。对于幼儿来说，剥石榴就是“解剖”石榴，就是深度认识石榴，发现石榴内在的特征，幼儿会感到惊奇和喜悦。在此过程中，幼儿会面临挑战，遭遇问题，需要教师的引导和帮助。幼儿品尝石榴，辨别石榴的特殊之处，就是用味觉来学习，也是让幼儿感受甜美和甘醇的过程，是一种愉悦的体验。在此基础上，还可以引发一些手工等相关的活动。自然而然，随即而发，实现经验的自然生发。

幼儿园的很多果实度可以像石榴一样深入的利用并展开相关的活动。希望进一步看到幼儿观察石榴的落叶和吐露绿芽，看到石榴开花，看到对石榴树的测量，看到对不同石榴的测量和称重，看到对不同石榴的比较，看到对石榴播种的尝试和实验。

（南京师范大学　虞永平）

土豆的美味之旅

成都市蒲江县鹤山镇北街幼儿园　龚　静　杨　雪

持续时间:2017 年 10 月至 2018 年 1 月

年龄段:大班

做什么美味

1. 你喜欢吃什么

我问孩子们:“你们想在小厨房做什么好吃的呢?”一听“吃什么”,小吃货们都把手举得高高的,想让大家能听听自己的建议。

“做汤圆!我最喜欢吃汤圆了。”浩浩最积极。

“我喜欢吃洋芋花。”不爱讲话的甜甜也主动说出了自己喜欢吃的美食。

“我喜欢吃饺子,而且我还会包饺子呢!”馨馨骄傲的模样真可爱。

蛋糕、面条、番茄炒蛋……孩子们说着自己喜欢的美食,眼里闪着光的样子太美好了。

“这么多美味,我们到底先做哪一个呢?”孩子们各执己见,最终决定用举手表决的方法来选出要做的美食,他们解决问题的速度让我刮目相看。就这样,“制作洋芋花”以32票最高票通过。

图1　做洋芋花得32票

思考:小厨房游戏活动本来就是为幼儿开设的,活动中的事情应该尽量让幼儿来解决,包括最初的选择——“做什么”。作为幼儿支持者的我们要学会“退位”,要学习将更多的机会留给幼儿。

2. 叫洋芋，还是叫土豆

说到做洋芋花，孩子们开心不已。我问他们："你们知道洋芋花是用什么做的吗？"

"洋芋。"孩子们说。

"没错，是……"我正准备对孩子们的回答进行肯定，突然听到一个反驳的声音，"老师，应该叫土豆。""我姨妈也是喊的土豆，可是我们说的是洋芋。"

我故意犯难地问："好奇怪，到底叫洋芋还是叫土豆啊？"

"就喊洋芋，因为它做出来的叫洋芋花呀。"

洋洋还联想到了它的生长，"它小的时候叫土豆，长大了就叫洋芋"。

我好奇地问："为什么小的时候叫土豆，长大了叫洋芋呢？"

洋洋说："因为我小的时候他们都喊我小宝，现在我叫子洋。"

看到孩子们对洋芋这么好奇，还结合自己的经验来猜测它的秘密，那我们是否可以和孩子们一起丰富关于这一食材名称的经验呢？于是我们开始对它的名字进行调查，有的孩子是直接询问家人，有的孩子则是与家人一起在网上查询。

经过大家知识点的汇集，孩子们发现：原来洋芋还有很多名字——地蛋、地瓜、山药蛋、洋山芋、薯仔等等，每个地方叫法都会有所不同，而它的学名叫马铃薯或土豆。

思考：面对"名称不同"的问题我们也是抱着"不明白就要搞清楚"的原则，和孩子们一起寻找答案、解除疑惑。而我们的目的也不仅只是要了解洋芋真正的名字，而是培养幼儿对有疑问的事物进行查找、验证的学习品质。

3. 做洋芋花需要哪些材料

（1）需要什么材料

"做洋芋花需要什么材料呢？"问题一抛出，孩子们立马举起了自己的手。

豪豪说："我知道，需要土豆和刀。"

心怡更仔细地表述："是削皮刀，还要葱、盐、辣椒。"

乐乐说："需要煮洋芋的锅和铲子。"

我追问："这些东西拿来怎么用呢？"

“削皮刀是用来削土豆皮的。”“放上葱、盐巴、辣椒才好吃。”“菜刀太危险了,用削皮刀不容易割着手。这是我妈妈说的。”孩子们再次把生活经验进行了重构。

（2）需要带什么材料

我继续追问:“这些东西都需要带来吗？”

洋洋说:“小厨房里有锅，不用再准备锅了。”“小厨房里还有碗和筷子。”……

“小厨房里有什么？”带着这样的疑问,我和孩子们一起来到了后山的小厨房。在这里,孩子们发现除了有锅、铲,还有切刀、碗筷和盘子等物品。

经过查看、比对,孩子们最终认为还需要准备削皮刀、土豆、葱、盐和辣椒。

思考:一连串的追问引导幼儿对已有经验进行重构。我们需要什么材料?需要哪些工具?引导幼儿有针对性地对问题进行思考,问题更聚焦。而这样有思维参与的活动更能激发幼儿对活动的兴趣。

4. 这样的土豆可以吃吗

活动中孩子们不时地嚷嚷着:“老师老师,我的土豆坏了。”“老师,你看看我的土豆怎么啦？”

景程的土豆发芽了,梓航说:“你这个土豆不能吃了,它要长大了。”

斐乐说:“怎么有绿色的土豆？它能吃吗？”

博轩说:“只有一点点绿能吃,对吧,老师？”

朋辰说:“我的土豆外面是黄色,削皮后是绿色的土豆能吃吗？”

欣悦说:“有黑色的小洞,我的土豆坏了。”

其他孩子也说:“我的也是。”

土豆都坏掉了吗？黑色的小洞是什么？能不能吃？哪些土豆不能吃？

经过新一轮的调查后,孩子们了解到表皮是绿色或者里面是绿色的土豆是有毒的,不能吃;发芽和坏掉的土豆也不能吃。而土豆上的黑色孔洞是土豆发芽的芽孔。

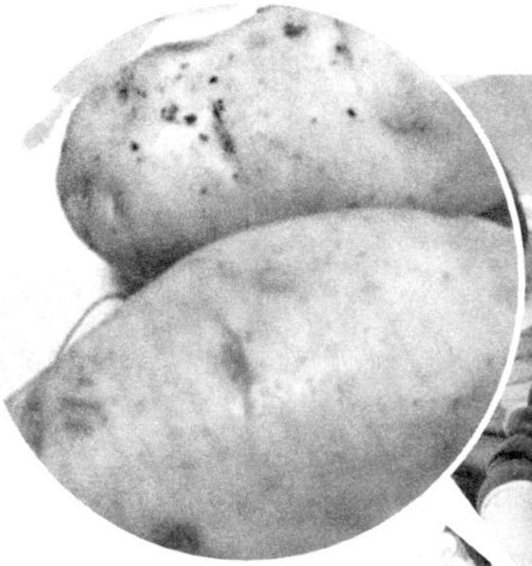

图2　土豆都变绿了

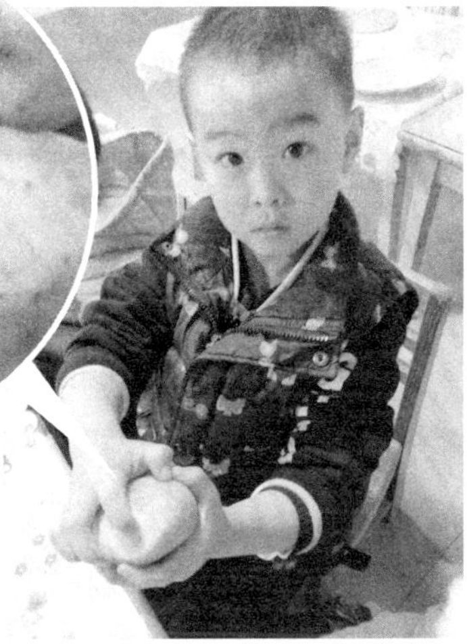

图3　这里有小黑洞

思考:“刨根问底”是幼儿积极主动探究的表现,我们要直接回答幼儿的提问吗?《指南》中提到,教师要予以支持和鼓励,并创造条件支持幼儿自发的目标达成。就此,我们耐心、认真地倾听孩子们的提问,记录下孩子们的问题,这就是幼儿自主探究的良好开端。将幼儿在活动中的提问和情况,如“怎样使用削皮刀才不会伤到自己的手”“为什么削了皮的土豆那么滑”“那些有黑色小洞的土豆是坏了吗”等等,制作成《洋芋花调查表》,结合家园共育,请家长带孩子利用空闲时间找到答案,为下一次活动做准备。

这些刀怎么用

1. 修补危险刀具

早上孩子们兴奋地提着土豆和工具来幼儿园,他们带来的工具有单柄波浪刀、无柄波浪刀、多功能削皮器、陶瓷削皮刀、双头削皮刀和普通削皮刀。我们发现一些工具存在很大的安全隐患,刀头是裸露的,比较锋利;多功能削皮刀不止一个刀头,表面凸起的塑料小刺也容易使孩子们受伤。

在引导孩子们发现这些工具的安全隐患后,我请孩子们一起来想办法:“怎么让它们变得安全?”

梦佳说:“我们可以换一把不危险的刀。”

毅沉说:“可以拿黏土把它堵上。”

雅苏说:“我们可以像修补图书一样,把它包起来。”

……

这些方法好不好用呢?我取来了透明胶带、黏土和剪刀等可能会用上的工具,请孩子们用自己的方法去试一试。

孩子们进行了一番尝试后,与大家分享自己的方法以及结果。

瑞瑞说他用黏土包裹,黏土一会儿就掉下来了。

雅苏用不干胶把刀全部都包起来,不会伤到小朋友,可同时也没办法切土豆。

浩宇建议到:“把不用的地方、有危险的地方包起来。”还展示了自己手中包好的削皮刀。

图4　包裹最上面的刀背(孩子们觉得这是最好的方法)

在分享后,孩子们又再次对自己的削皮刀进行了修补调整。

思考:无论什么活动,幼儿的安全问题都是教师应该考虑的第一项,只有尽量确保活动的安全,才能够让幼儿在活动中放心地玩耍。而在保证安全操作的前提下,让幼儿自己动手对存在安全隐患的削皮刀进行修补,能让他们对削皮刀有更深入的了解,同时也是生活教育中培养幼儿自我保护意识的良好教育契机。

2. 不会用的刀具

来到小厨房，孩子们挽起袖子开始削土豆皮：航航每削一次只能削一点点的土豆皮；俊俊紧锁眉头，使劲把土豆皮削掉很厚一大块；容若切土豆时，为了固定土豆，直接把土豆放在手心，用波浪刀在手心里切土豆，吓得我赶紧制止……

图5　土豆好大，拿不稳

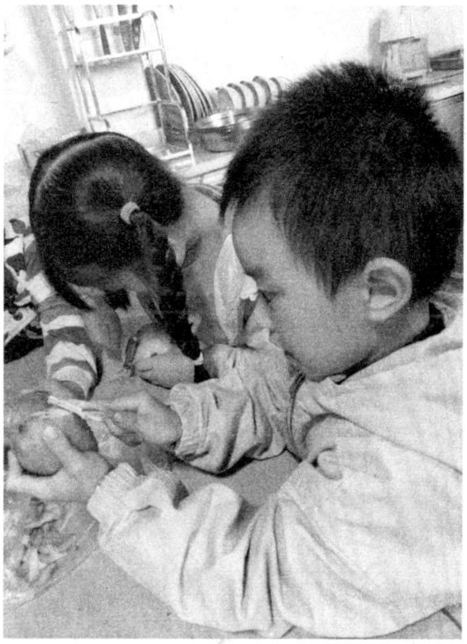

图6　这样的削法好危险

看着这一群削土豆的"生手"，我担忧地说："我好担心你们会把自己削伤呀。谁有更好的方法呢？"

若曦说："一只手拿土豆，一只手拿削皮刀，往外面削。"边说还边向大家进行了展示。

晨晨说："把土豆放在桌子上，按住土豆再削。"

我问："为什么要把土豆放桌上按住再切呢？"

熹熹说："土豆太滑了，我拿不住。把土豆使劲按在菜板上再切，不让它跑走。"

工具刀的使用存在一定的安全隐患，我将孩子们的方法进行了小结：削土豆时要把土豆托在手心并抓稳，也可以直接把土豆按在桌子上再削；削皮刀要落在远离手的位置，并往外面削；切土豆时把土豆放在菜板上，按土豆的手要远离刀口。我边讲边进行了示范，尽可能地将危险系数降到最低。

思考：整个削皮过程都看得我胆战心惊，削皮刀对幼儿来说是危险系数颇高的工具，为了安全起见，是否该停止活动呢？《指南》中提到："5-6岁幼儿能使用简单的劳动工具或用具。"而幼儿也应具备不怕困难、敢于探究尝试的精神和基本的自我保护意识。"怎样使用削皮刀才不会削到自己的手"这一问题的提出，引导幼儿将实际操作中的方法和成人的安全指引进行整合，在基本安全的情况下给了幼儿更多的探索机会。

3. 熟能生巧的削皮方法

新一轮的洋芋花活动开始了，只见孩子们利落地拿着土豆和削皮刀开始了准备工作。

前一次活动还不敢动手的丽佳也拿起了削皮刀。我问她："你会安全使用削皮刀了吗？"丽佳说："我会啦！我不会削到手的，我在家里都练习过好多次了！"看着她自信的模样真为她感到高兴，也为她的不怕困难所感动。

冰冰正在用削皮刀的尖头一点一点地雕土豆的芽孔，并认真地检查每一个芽孔是否都被处理干净了。

晨晨的土豆有一面是凹陷下去的，凹陷的部分不好处理，他用削皮刀一遍又一遍地削皮，手酸得都甩了好几次但没放弃，直到将凹陷部分的土豆皮全部削干净。在成功的那一刻，他有种如释重负的感觉，"好累啊，终于把它削干净了！"

图7　我们有各自的削皮方法

孩子们积极、坚持的行为并不是一蹴而就的，在此感谢家长们理解我们的教育理念，并积极地配合我们工作，让孩子们能每天参与家务劳动积攒经验。

思考：好习惯是坚持出来的，好品质是在成功中获得的。家长们表示，孩子在家积极练习削皮刀的使用，土豆、茄子、黄瓜等蔬菜轮番上阵，当他们尝到成功的滋味后，更加爱上了劳动，削皮也越来越熟练。同时也从自我和他人的肯定中获得成功的愉快感，获得自信。

4．切不动的土豆

土豆皮已经全部削干净了，孩子们准备切土豆。可有的土豆太大了，看上去很难切的样子。孩子们会怎样解决呢?

我在一旁默默地观察：苏苏一只手扶土豆，一只手切，但是切不动，于是就换成两只手一起切。坐在凳子上切不动，索性就站了起来，似乎这样能使出更大的劲。

候才一个人切了一会儿切不动，于是招呼小伙伴航航来帮忙，两个人一起还是切不动，土豆反而牢牢地卡在了刀口上，他们俩干脆用带着土豆的刀在菜板上反复砍起来。

毅沉的多功能刀口太短了，切不完，俊祥见状直接递过自己的削皮刀，说：“你的刀切不动，用我的吧。”并帮助小伙伴一起切。

……

图8　各种办法切土豆

思考：当遇到“土豆切不开”的困难时，幼儿不断尝试更多的方法试图将土豆切开，他们组队合作、出谋划策、慷慨支援，而这一切看似常态的行为都是自发的。最终他们的土豆都被成功地切开。在这个过程中，幼儿喜欢动脑筋，遇到困难不轻言放弃，他们会主动帮助同伴，他们会倾听别人的建议，这远胜于书本知识的习得。

土豆为什么这么滑

1. 滑溜溜的土豆

削皮切块的问题已经在反复操作中解决。孩子们又被另一件事情所吸引：为什么削了皮的土豆那么滑？带着这个疑问，孩子们开启了新一轮的寻答之行。

然然说：“妈妈告诉我，因为土豆里有水，水里有淀粉，所以很滑。”

真的是这样吗？那淀粉在哪里？淀粉是什么样的？

孩子们好奇地围着土豆看了又看，还拿来科学区的放大镜去寻找淀粉，可依然没有找到淀粉，于是失望地说：“淀粉在哪里啊？我怎么看不见？”

图9 用放大镜找一找淀粉在哪里

图10 洗土豆的水

眼看着孩子们的观察陷入了瓶颈，我将放在一旁的洗过土豆的水摆在桌上请他们观察：“那你们看看这里能找到吗？”

孩子们仔细地观察着。“水上面的泡泡是不是淀粉？”“水下面白白的是淀粉吗？”“这个黄色的水是不是就是淀粉呢？”

谁知道呢？怎么才能知道呢？

思考：好奇是一切活动的源头，也是调动幼儿参与积极性和推动活动深入发展的重要因素。当幼儿对土豆的“滑”感兴趣时，我们及时引导他们去思考、去观察，充分调动他们的好奇心而又不急于给出答案，意在指引幼儿向探索科学奥秘迈出第一步。

2. 淀粉什么样

淀粉到底是什么样子的？

孩子们从超市买来了淀粉，是一种白色的粉末。大家猜测：沉淀在水底的白色物质可能就是土豆淀粉。

还有的孩子和爸爸妈妈通过上网收集到信息：淀粉遇碘会变蓝色。那我们可以用碘来验证一下土豆里面是不是有淀粉的存在。

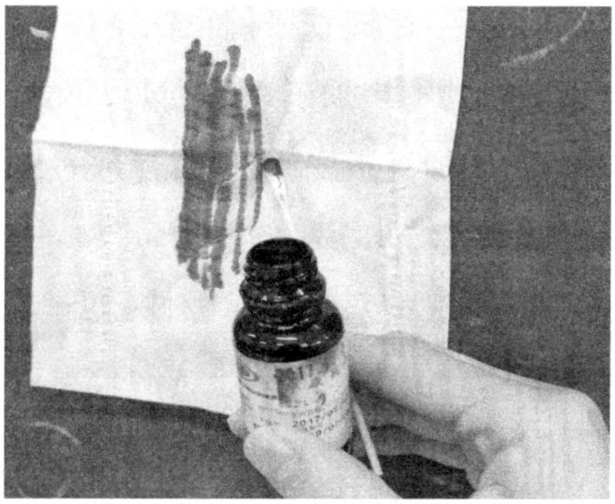

图11　碘是一种褐色的药物

第一步，我和孩子们一起认识了碘——一种褐色的药物。

第二步，验证土豆里到底有没有淀粉。

根据科学知识判断：将碘涂抹在土豆上，如果土豆变蓝则土豆里含有淀粉。孩子们小心翼翼地将碘涂在了土豆上，可他们发现土豆并没有变蓝，而是变成了黑色。当大家正失落的时候，然然无意中拿起了放大镜对着土豆看了起来，他猛然发现：涂了碘的土豆变蓝了，只是它不是天空的蓝，而是很深很深的

图12　用碘来试试土豆里面有没有淀粉

深蓝。这一发现让他们惊喜不已——土豆里面真的有淀粉。

第三步，验证泡泡水和沉淀物谁是淀粉。

碘真神奇！那就赶快试试洗过土豆的水里的泡泡和沉淀的白色物质哪一个才是淀粉吧。这一次的实验孩子们就轻车熟路了，他们分别在洗过土豆的泡泡水和白色沉淀物中加入碘，发现它们都能变蓝。

图13　洗土豆的水变蓝了

经过三步实验，孩子们最后得出结论：土豆里面真的有淀粉，洗过土豆的泡泡水，沉淀在水底的白色物质都含有淀粉。由此孩子们也深刻体验了“含淀粉的物质加碘以后变蓝，不含淀粉的物质加碘不变蓝”这一神奇的化学反应。

思考：幼儿小小的疑问，产生了一个又一个的问题，强烈的好奇心使他们保持探究的热情和积极性，通过直接感知、亲身体验和实际操作寻求答案，验证着他们一次又一次的猜想。他们乐在其中，有交流的愿望和冲动。同时，作为教师的我们也要学会保护幼儿的好奇心和探究兴趣，为幼儿的探究提供支持。

3. 蔬菜里的淀粉

今天的午餐正好有土豆，孩子们边吃边讨论了起来。

涛涛看着同桌朋朋说：“我把淀粉吃下去了，你没有吃到淀粉，你吃的是青菜。”朋朋不服气地说：“青菜里面也有淀粉。”涛涛不同意朋朋的说法：“青菜里面才没有淀粉。不信你问老师。”

我听到孩子们的讨论后，问他们：“你们认为青菜里面有淀粉吗？”

大部分孩子猜测“有”，因为“它和土豆都是蔬菜”。

“有什么办法让我们知道蔬菜里面有没有淀粉呢？”

孩子们回答得干脆而坚定：“用碘，变蓝就有淀粉。”

“你们还想试验哪些蔬菜有没有淀粉呢?”孩子们先将自己想要做试验的蔬菜画下来，如甜椒，白菜，南瓜，莴笋;然后将这些蔬菜带到幼儿园进行试验。他们往每样蔬菜上涂抹了碘，然后观察碘的颜色变化，最终发现只有南瓜抹碘后变蓝了。

图14　用碘试验哪种蔬菜有淀粉

思考:幼儿在活动中互动交流,充分表达自己的想法,并与同伴共同去探究、总结经验,不断丰富自身经验。在这个过程中,设想的正确与否并不是最重要的,在验证自己想法的过程中,调动已有经验不断努力寻求真相的过程才是最宝贵的。

4. 科学小实验——寻找淀粉

上次实验结束后,孩子们对寻找淀粉的兴趣一直很高，除了蔬菜还有什么东西里含有淀粉呢？孩子们还有很多的疑问。于是，我们在班级科学操作区提供了碘，让他们自己带上想要试验的物品来验证。幼儿园当日的蔬菜、早餐的面包、馒头、面条和午餐的米饭等都被放在操作区里进行了一番试验。孩子们发现平时吃的藕、大米、

图15　科学小实验

面条和馒头等都是含有淀粉的。还有许多的未知在等待着他们的探索。

思考:活动中,幼儿对寻找淀粉充满兴趣,我们借助区域活动去满足他们寻找更多含淀粉食物的知识需求。这样的活动设置不仅支持了幼儿的学习,也尊重了他们在学习中的主体地位,为他们提供更多验证自己想法的机会。

美味洋芋花

1. 我们的洋芋花怎么和街上的不一样

片段一:孩子们在切土豆的时候发现切出来的土豆和街上的不一样。

问题一:哪里不一样?

“我们切的是一块一块的。”“我们切的有些是一片一片的。”“我们用的不是切洋芋花的刀。”……

问题二:街上的洋芋花是什么样的呢?

“长条形的”,星辰说,“波浪一样的,有点长。”

“我看街上的洋芋花是像波浪形一样弯弯的。”佳佳说。

“我知道,是用波浪形的那种铁的刀(切出来的)。”浩浩边说边用手向我们描绘出刀口的形状。

从孩子们的对话中可以判断,他们说的不一样是:切出来的形状不一样、用的刀不一样。看来孩子们有关注身边事物的意识。

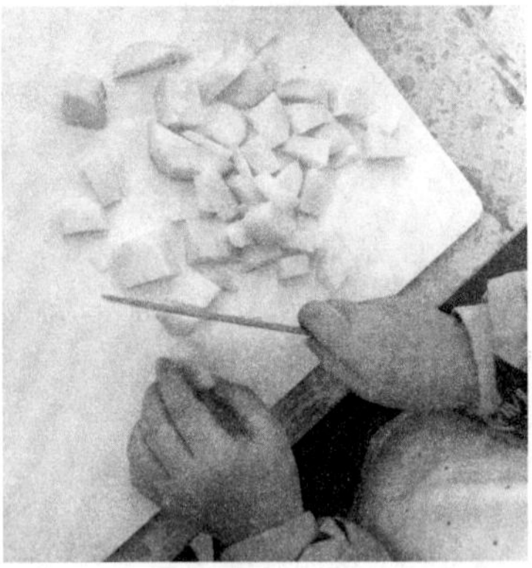

图16 孩子们切出来的土豆是块状

思考:《指南》中指出,我们的一切活动都应该做到“幼儿在前,教师在后”。活动要以幼儿为本位,通过他们亲自探索发现的经验才是真经验。幼儿只是说了,那他们真正了解真相吗?于是,我让他们把自己说的波浪刀带来试一试,看看会有什么新发现。

片段二：在这一次的活动中，孩子们自由分为塑料刀和波浪刀两组操作。几分钟过去，孩子们在试了之后都惊奇地跑来告诉我。

“老师，我发现这种刀（波浪刀）切出来的洋芋真的就是街上买的那种洋芋花，好神奇。”

“我还是用的这个刀，和街上卖的是一样的了。”

我提问：“真的是这样吗？”孩子们将他们切出来的洋芋花放到我面前让我看。

“为什么这次切出了波浪形的洋芋花呢？”

“我发现铮铮带的刀的刀口像波浪一样，弯弯的；那个刀（塑料刀）是小波浪就切不了。”佳宇向我介绍道。

孩子们发现刀的样式和纹路大小不一样，切出来的洋芋花也不一样。

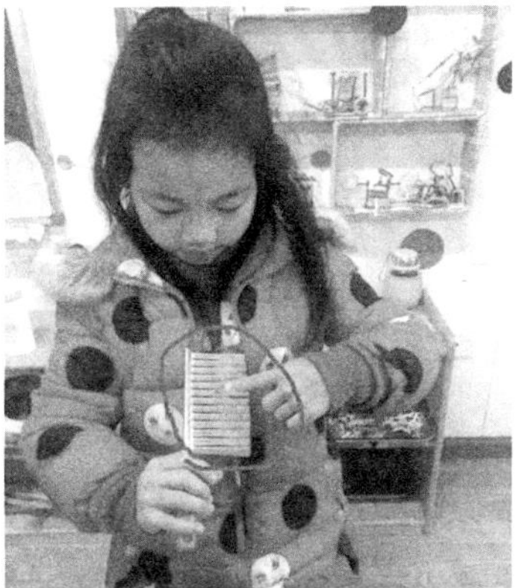

图17　这个刀口是弯弯的波浪形

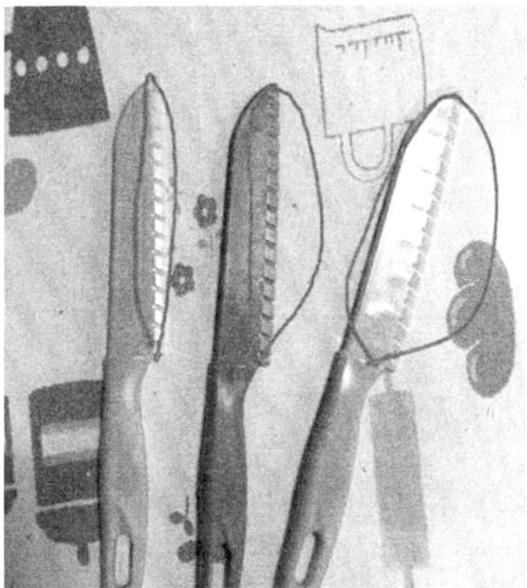

图18　塑料刀是有凹凸的花纹

思考：幼儿在活动中通过观察、分析、比较等方法，最终发现了虽然刀口都是波浪形的，但刀口波浪大小不一样，切出来的洋芋花样式差别也很大。在这个过程中，幼儿不仅仅是吃到了自己心心念念的洋芋花，收获更多的应该是用心观察、仔细思考的学习态度。

2. 终于成功了

轩旭说：“老师，我切好了。”（切成片状）

我说:“你确定吗?”

轩旭点点头说:“确定啊。”

玲珑说:“你没切好,不是这个样子的,(洋芋花)是一条一条的。”

轩旭说:“我不会切,我只会切这个样子。”

“我教你切。”玲珑边说边拿过轩旭的刀做示范。

我请幼儿分享洋芋花切法:先将土豆切成片状,再把每一片土豆切成条块状。

图19 我们都切出了弯弯的洋芋花

思考:幼儿在活动中如果只是说一说,可能就忘了;但如果做一做,也许会有不一样的收获。幼儿在活动中通过直接感知、亲身体验、实际操作,去观察、分析、比较,从而发现了刀的秘密,也学习了洋芋花的切法。他们在此过程中收获的不仅是宝贵的经验,还有互相支持、坚持到底的学习品质。

3. 老师,水开了吗

煮土豆的孩子总喜欢不停地揭锅盖看,并不停地问:“老师,水开了没有?可以煮了吗?”

“水开了会是什么样子呢?”我请孩子们来说一说。

“会很烫,我们不能摸。”

“当然不能摸。一摸手就会被烫掉皮的。”

“会响。我家的开水壶会响。一响我们就知道水开了。”

“会冒很多很多的烟(水蒸气)。”

到底水开了会是什么样呢?我发动家长配合孩子去观察。于是,他们有了以下发现:①水开了会发出“咕噜咕噜”的声音;②水开了会冒热气;③水开了会有大泡泡在锅里面翻滚。

图20　我们发现水开了

思考:活动中老师把观察、表达的权利还给了幼儿,让他们通过自己的体验去获得相关的经验,让幼儿自己去发现更多的惊喜,更好地激发幼儿参与活动的积极性,更加热爱观察、敢于表达。对于活动中家长的配合,也使家长更加了解幼儿园所开展活动对孩子成长的意义,从而得到家长更多的支持和配合。

4. 老师,土豆煮好了吗

切好的土豆一下锅,孩子们的眼睛就一直盯着锅里的土豆。

“马上就可以吃了,耶!”心怡激动地说。

“还没有,要煮好了才能吃。”东东立刻说道。

“还要煮好久呢!”心怡有点迫不及待了。

“我也不知道。”东东说道。

“煮粑(软)了就能吃了。”萌萌说。

“煮一分钟吗?”“我也不知道。”大家都心急又毫无办法。

浩宇拿筷子夹了一块土豆放在盘子里,并用筷头戳了戳土豆说:“我奶奶煮青菜就是这样戳的，戳得动就是煮好了。”话音刚落，土豆就被戳成了两截。围观的孩子们兴奋地喊起来：“土豆煮好了！土豆煮好了！”

思考：筷头戳一戳就将困扰大家的问题给解决了，经验是他们解决问题最好的老师。而在不断操作的过程中，我发现幼儿很善于举一反三，在面对一些疑问时能迅速调动已有经验对活动现象进行判断。这样的能力也是幼儿在多次主动参与活动后才能建立起来的。幼儿如果能多亲身参与活动、多寻求解答问题，他们的思维也会越来越活跃。

5. 独特的美味

（1）不喜欢现在的口味

每次吃洋芋花时都是我们提供调料拌出来的，吃过几次后有的孩子表示“味道不好吃”，想吃“其他味道的”。

“那你们喜欢吃什么味道的洋芋花？”我问道。

俊易说：“我想吃麻辣糖醋味，每次我都要买这个味道。”予晨说：“我想吃糖醋味，妈妈说我不能吃辣。”腾羽说：“我要吃泡椒味的，我最喜欢吃辣。”……

思考：通过幼儿的回答，可以看出大家对洋芋花的味道都有各自的偏好。直接满足他们的需要吗？《纲要》中指出：生活中要鼓励幼儿根据观察和发现提出值得继续探究的问题，或成人提出有探究意义且能激发幼儿兴趣的问题。既然大家有各自偏好的口味，我便顺水推舟就好。

（2）带自己喜欢的调料

“我们没有这么多的调料怎么办呢？”

炎彬说：“喜欢吃什么味道就带什么调料来。”

洋洋说：“在家里准备好想吃的味道带到幼儿园来自己放。”

“那每个人都带吗？会不会太多了？”我抛出问题。

图21　每人带一样食材

峥峥说:“我们可以一人带一次。”

浩洋说:“喜欢吃同一种味道的小朋友就坐在一起，然后大家轮流带调料来。”

到底哪个方法更好呢?

经过最后的讨论,大家一致决定先根据口味自由组合坐到一起,然后再商量带什么调料。

思考:整个活动,我对幼儿进行了有效的引导与支持,活动中始终以幼儿为本,尊重他们的建议、想法,尽可能地给予他们自己尝试、实践的机会,将生活还给幼儿,让活动发挥更大的价值与作用。

6. 带材料拌洋芋花

(1)工具带不齐

在之前的活动中,总有孩子忘记带土豆或者工具,有的孩子还会把责任推给家人。“我妈妈忘记给我带了。”“我家没有削皮刀。”为什么孩子会找理由来为自己推脱呢?

我分析:这些孩子的任务意识不强,没有记住任务;同时自身的责任意识也不强,所以才将责任推脱给家长。

思考:《指南》中提出幼儿能认真负责地完成自己所接受的任务。结合幼小衔接中培养幼儿任务意识这一环节，我们将这一话题分享给幼儿,让他们在集体讨论中对任务有更为深刻的认识。

(2)我们来分工

①说说你家有哪些做洋芋花的材料。

对于家的话题,孩子们是最乐于分享的,他们七嘴八舌地讲述着家里都有哪些材料。

②我们需要多少材料?

结合经验讨论得出:刀的数量要比人数少;土豆太多吃不完,数量和人数一样多;调味料放一点点。

第一次讨论后,幼儿用绘画的方式记录讨论结果,发现有的小组忘记带波浪刀,有的小组忘记带调味料,有的小组画出6个土豆表示要带的土豆数量。

小结：材料要齐，画出数量。

第二次讨论后，俊越嘟囔着说自己想带土豆，可欣然已经在记录纸上画了6个土豆。我说："大家都想带同一种材料怎么办呢？"欣然听到后，用笔在纸上划掉一个土豆，在俊越的名字旁重新画上一个土豆，嘴里说着："我分你一个。"统计一下：欣然带5个，俊越带1个，合起来就是6个。

接着翔天向我求助："老师，我家只有1把削皮刀，他们给我画了3把。"

我问："那怎么办？"玉杰说："我家有两把，凑起来就有3把了。"

小结：大家都想带土豆时，可以用数的分解组成来帮忙，统计好每一样材料需要的数量。而每个人自己家里有什么材料是不同的，注意倾听朋友的发言，家里有材料才能够带来。

（3）学会自我检查

第三次讨论后，孩子们将讨论的结果重新画一份装在自己的包包里，等回家时拿出来看看自己的任务是什么。第二天检查带来的物品是否正确。

图22　我们都带齐了食材

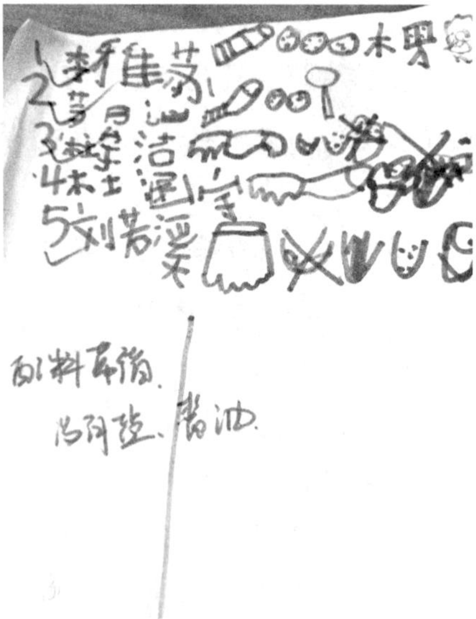

图23　忘带了盐和酱油

等到了第二天再检查时发现，还是有孩子忘记带材料或者带错材料，比如，第1组约定好带土豆的孩子忘记带土豆了，材料不够无法做出洋芋花;第7组约定好带盐和酱油的孩子带成了糖和醋,做不出想要的味道。

通过这一次的活动,孩子们切身体会到自己对任务的完成情况和能够操作、品尝美食有着最直接的关系。虽然经历了几次活动仍有小组的食材带不够,但是相信通过一次次调整,孩子们的任务意识、自我检查能力都会得到改善,以后任务也会完成得越来越好。

思考:《指南》对大班幼儿提出了"能用简单的记录表,统计图等表示简单的数量关系"的要求。幼儿对数量之间关系的认识大多数是在实物或口头数字的层面上进行,而到大班末,我们希望幼儿对数量关系的理解逐步从具体到抽象,也是对幼儿最初的数据分析能力发展的要求。同时通过幼儿相互叙述讨论的方法让幼儿明确任务的内容,对任务的检查游戏激发了幼儿对完成任务的渴望,及时给予完成任务的幼儿表扬,培养幼儿的责任感和认真负责的态度。

专家点评

"土豆的美味之旅"是一个充满了探索、尝试、查找、发现和表达的活动，是一个在行动、思考的过程中不断增进经验的活动，是一个充分调动幼儿的多种感官来学习的活动，也是一个不断落实《指南》目标的活动。

美味的洋芋花本身就有足够的吸引力，让幼儿滋生想象，滋生品尝的愿望。这样的食物是有纵深感的，有原料、工序、工具、烹饪、品尝、表达等等内容，这也预示着一系列连贯的行为将会发生，一系列有机的经验将会生发，一个个生动活泼、充满思考和探索的活动将会发生。因此，这个活动比起"认识土豆"之类的活动就显得有趣味，有事做，有生机，有空间。

活动过程也证明了这个活动好玩、有趣、丰富、值得。从幼儿票决制作食品的过程中，我们感受到了幼儿表达意见的机会和形成共识的方式，感受到了日常生活中自主、民主和愉悦的氛围，充满了游戏精神。从幼儿获得对土豆名称的认识，可以看到从"教给"到"获取"知识的根本转变。幼儿在观察讨论中获得关于土豆的各种信息，辨别有毒土豆，发现土豆生命信息，这些都是非常重要的学习。后面的使用工具、制作过程，各种尝试和比较，品尝和表达，里面有幼儿的讨论、选择、行动、反思，都体现了在行动中学习的原则，老师都从活动的现实出发，灵活地发挥着支持、合作和引导的不同作用。整个活动生动活泼，既充满自然经验、生活经验和使用工具、完成任务的程序性经验，也产生了对粮食、食物甚至对自然的情感，没有说教，幼儿在参与和投入的过程中，在自主学习的过程中，慢慢地积累着经验。不难发现，教师对《指南》的理解和目标意识对活动起着重要的引领作用。

期待这些幼儿下次有机会去种植不同种类的土豆，去关注、测量、记录它们的生长变化，关注和测量他们收获的土豆的大小和重量，比较它们的差异。用自己种植的土豆做更多的食品，在快乐的活动中获得更多的经验。

（南京师范大学　虞永平）

小小桥梁工程师

南京小天鹅幼儿园 李 雪 杨 静

持续时间:2018 年 4 月至 2018 年 7 月

年龄段:大班

缘 起

大班上学期,大一班开展了《桥》的主题活动。在一个学期反复地同环境、材料的互动过程中,孩子们以小组合作的形式尝试造出了几座桥的模型,积累了丰富的有关桥梁的经验。大班下学期刚开始,我们发现班级中的孩子们对桥依旧有着浓厚的兴趣,一次谈话中有孩子提议:"去外面造一座人能走上去的桥吧!"这可不是件简单的事情,孩子们首先遇到的问题就是外面有没有适合造一座人能走上去的桥的条件。于是我们这个学期的故事就此开始了。

图1 桥的模型

在哪里造桥

幼儿园户外场地都有既定的用途,我们意识到要去户外开辟“造桥地”就会打破幼儿园整体户外环境的格局,孩子们的游戏空间也会由此拓宽到户外,为此,孩子们需要寻找相对合适的场地并征求园长的意见。

我们把问题抛给孩子们后,大家便一起出发在幼儿园各个地方进行“勘探”。孩子们几乎不愿错过任何一个角落,先后去了小池塘、棕榈林和大操场……

孩子们一边“勘探”一边讨论:

“桥一般建在有水的地方。”

“幼儿园的小池塘有水,去看看?”

“不行,不行,会吵到池塘里的小鱼的。如果要建桥墩的话,池塘里住着的小乌龟、小鱼怎么办?”

“那旁边这片小棕榈林呢?”

“树太多了。”

“这个大操场好像不错。”

“不行!这样,我们小朋友们早上户外锻炼就没有地方了。”

孩子们自己寻找场地,又在交流中发现所寻找场地的不合宜之处。我们建议孩子们在亭子里稍做歇息,因为我们觉得亭子旁边有一块空地可能比较合适,没准孩子们能够注意到。

“造在小山坡旁边吧!”瑶瑶指着旁边的一个小屋子激动地对小霖说,“看,这个小屋子可以当我们的材料库。”

“我们造一座桥可以直接通到小山坡上去。”

“这个地方有一棵树挡住了阳光,我们建桥的时候不会被晒到。”

“旁边还有凉亭,我们累了还可以坐下来休息。”……

孩子们列举了许多山坡旁造桥的好处,看来山坡旁真是个不错的造桥地方。不过还是得让园长也来看看,听听孩子们的想法。于是,孩子们请来了园长，并激动地向园长列举了在小山坡旁造桥的好处。如孩子们所愿，“去外面造一座人能走上去的桥”的造桥点就这样确定下来了。

图2　把我们的想法说给园长听

确定造桥点后，孩子们迫不及待开始清空场地（主要是清扫地上的落叶），然而，孩子们虽然满怀热情，可是由于毫无准备，清扫效果不甚明显。吃过午饭后，我们建议孩子们尝试做清扫规划：清扫时遇到了什么问题，什么办法可以解决，需要用到什么工具、材料，清扫时怎么保护自己等等。

第二天，孩子们带来了各种各样的“装备”。一个上午的时间，他们清扫了场地，清洗了材料屋，想出了在小屋子的地面上铺上整齐砖块，解决了小屋子进水后泥泞的问题。小屋子有了自己的名字——“材料屋”。

图3　清洗材料屋

图4　给材料屋铺砖块

造什么样的桥

造一座什么样的桥呢？上学期孩子们已经了解到桥有梁桥、拱桥、斜拉桥、悬索桥四种，也分组制作了桥的模型。现在，要在户外“动真格”了，造一座什么桥比较合适呢？

图5　设计梁桥图纸

多多说："造拱桥吧，拱桥漂亮。"

瑶瑶说："造拱桥的话，那个拱很难做的。我们之前造拱桥的时候就很难，还歪掉了。"

瓜瓜说："造梁桥就很容易，只要有桥墩，再在上面铺个桥面就行了。"

跳跳说："那我们就造一个有围栏的梁桥吧！"

瓜瓜若有所思地说："造一座梁桥比较好，斜拉桥和悬索桥都太大了，而且还很难造。"

跳跳说："造斜拉桥和悬索桥我们找不到钢丝啊！并且，造拱桥的话，那个拱真的很难的。我们不如就砌几个桥墩，铺个桥面就好啦！"

多多说："还要有上下坡和围栏，不然不安全。"

几经讨论后，大家决定造一座有围栏的梁桥。

用什么造梁桥

梁桥确实是较为简单的一种桥，但即便是这样简单的梁桥，孩子们造起来也并不简单。之前班级造的是梁桥的模型，大家收集来的造梁桥的材料也是一些纸筒、纸板、小火柴棍等，造一座真的梁桥又需要些什么材料呢？

跳跳说："我们需要水泥和沙子，还有砖块，我们要砌桥墩。"

小胥说："木板。桥面用木板吧，把木板架在桥墩上。"

多多说："还有围栏也要木板。"……

老师："那这些材料合不合适，要试试才知道。但是去哪里找到这些材料呢？"

多多说："网上可以买。"

老师："网上买需要时间，那得等几天了。"

跳跳说："可以让我妈妈下午去买。"

家庭资源的纳入能够大大提高孩子们在园活动的积极性和有效性。这次讨论后，我们意识到孩子们计划在户外建桥的“大事”需要正式与家长们沟通了。当天中午，大一班家长群热闹纷繁，大家知道孩子们要出去造桥后都觉得不可思议，有的家长踊跃报名，成了家长志愿者，有的则提出马上去给孩子们准备造桥用的材料。下午，跳跳妈妈就为我们送来了孩子们需要的水泥、黄沙，以及造桥的工具；小胥的爸爸则送来了砖块、大木板、木条等等。同时，我们也建议家长们为孩子们准备好护衣、胶鞋和口罩，以确保孩子们在操作中的安全。

先砌桥墩吧

1. 桥墩的位置

之前的造桥经验告诉孩子们，造梁桥，先定桥墩。可是，桥墩位置定在哪里呢？孩子们看着偌大的一片空地，不知如何是好。桥墩的位置会直接影响桥通向哪里，这对没有经验的小小桥梁工程师可是一个大考验，大家你一言我一语，毫无头绪。

老师：“瑶瑶，你们不是想建桥通到小山坡上去的吗？”

小霖激动地说：“有了，这边有台阶，这边立个桥墩，那边立个桥墩，不就可以了吗？”

帅帅说：“让我们来当桥墩吧，小石榴、璐曦你们站在这里，那边也去两个小朋友。”说着自己走了过去。

四个“活动桥墩”很快立好了，旁边的孩子立刻发现桥墩间的长度和宽度不一样，怎么办？

图6　用皮软尺量等长桥墩间距

小霖说：“我们可以用一根一样长的

绳子。有了,用这个。"(拿出软尺)于是孩子们用软尺两两拉一根,各拉到头。

老师:"把软尺放身体什么位置呢?"

小霖说:"你们都放肚脐眼吧,这样比较好一点。"

就这样,孩子们借用皮软尺,用自己的方法量出了等长的桥墩间距。

拉好桥墩的长度,可是宽度怎么办?

小霖说:"可以一只手侧平举,都举里面这只手吧,这样叠在一起。"

大家对定下来的位置似乎很满意,激动的帅帅不忘提醒同伴搬来砖块做个标记:"不然一会儿就找不到地方了。"

2. 桥墩怎么砌

(1)砖块叠叠高——后勤叔叔有妙招

大班的孩子基本都有积木垒高的经验,但是,砖块怎么垒高呢?幼儿园后勤叔叔对砖块的砌法很有心得。我们联系了后勤叔叔,希望孩子们能够得到他的帮助。

下午,后勤叔叔向孩子们示范了几种砖块的砌法,有趣的是,跳跳在叔叔介绍2/4砌法的时候很激动地说:"这种在乐高里叫作互锁结构,搭出来的桥墩会非常牢固。"大家预备着第二天就用互锁结构的方法砌桥墩。

按照原计划,砌桥墩需要和水泥,离园时我们询问"是否有知道和水泥的家长"。小范妈妈说:"爷爷在行!爷爷平时就喜欢干这些活,明天让爷爷来。"

(2)地基小插曲——保洁老师有说法

离园后,保洁林老师听说大一班要砌桥墩,说:"桥墩最好打个地基。""地基"这是孩子们之前造桥没有遇到过的问题,我们觉得可以和孩子们一起商量看看,于是联系了小范妈妈请爷爷做好推迟一天来幼儿园的准备。第二天,我们将林老师打地基的想法和孩子们进行了分享,没想到孩子们打地基的积极性特别高。

看来在造桥这件事上孩子们真是毫不马虎。这一天,孩子们就你运土来我刨坑,在之前做好标记的地方掏出来四个洞——四个地基!

（3）砌桥墩——爷爷、我和泥巴

接下来的一天，小范爷爷如约来到了我们的“工地”。初次参加幼儿园活动的爷爷一边示范操作混合水泥的方法，一边愉快地和孩子们聊天。

图7　爷爷一边示范一边和孩子们聊天

爷爷：“水泥和黄沙基本上是按照1:3的比例来混合的。”

“1份的水泥和3份的……？”

瑶瑶：“黄沙，我们每次是1份的水泥和3份的黄沙。”

图8　分组砌桥墩

“这个水泥和黄沙混合后的作用是什么？”

瑶瑶：“是用来黏住砖块的。”

学习混合水泥后，孩子们迫不及待要开始砌桥墩了。

图9　测量桥墩高度

教师：“我们有四个桥墩要砌呢。”孩子们立即组合成了四个小队分别开始砌桥墩。

各组速度不同，不一会儿，孩子们发现桥墩砌得高矮不一了，桥墩砌多高呢？

瑶瑶说："我们都砌这个尺子那么高吧！"

教师："是砌到尺子上的刻度60 cm那样高还是尺子那样高？"

原来瑶瑶指的是60 cm那样高，她说："这样桥墩不会太高就更安全了！"60 cm高真是个不错的选择。大家开始一边砌一边不忘用测量工具进行测量，确保每一个桥墩是60 cm高。

3. 砌点台阶走上桥

怎么走到桥上去呢？像之前造桥一样铺木板？多多说："这样子太陡，人会从上面滑下来的，很不安全。"跳跳说："砌点台阶上去。"

那台阶怎么砌呢？我们的桥要砌多少步台阶呢？虽然孩子们每天都可能走台阶，可是孩子心中的台阶到底是什么样的呢？用砖块来砌台阶，几块砖块一步台阶呢？

为了搞清楚台阶什么样，孩子们在成老师的带领下来到了幼儿园大厅里观察、测量，发现原来1步台阶有15 cm高，两步台阶是30 cm高，4步台阶是60 cm高，正好是我们砌的桥墩的高度呢！孩子们和老师们都觉得这真是一个神奇的发现。回到"工地"后，孩子们又开始测量，发现3块砖块就是15 cm高。

通过实地的测量和计算，孩子们不仅加深了对台阶的认识，同时在亲身的操作、实际的体验中，他们发现数字是可以用来解决自己当前的实际问题的。

后面几天，孩子们在家长志愿者的帮助下，完成了铺台阶的工作。

图10　观察、测量台阶

图11　铺台阶

桥面速成记

怎么建桥面？孩子们也有很多的想法，灏灏率先注意到了旁边摆放着的木板，并认为可以直接把旁边的木板铺上去，不过他可能意识到那块木板有些长，立刻补充说：“再锯掉一点就好了”。其他孩子也注意到了木板，并非常认可灏灏的想法，纷纷表示要将木板抬上去，再锯掉一点。

木板抬上去容易，问题是怎么在那么大的一块木板上锯掉一点，这可把孩子们“愁坏了”。大家决定再一次在班级群中寻求帮助，很快，孩子们就收到了斌斌爸爸要带上自己的“神秘武器”来帮助大家的信息。

第二天，在斌斌爸爸的参与和帮助下我们用木板做出了桥面，一座桥就出现在了孩子们的面前。

图12　第一次做好桥面的桥

桥面小风波

1. 雨水带来的担忧

下了好几天的雨后，孩子们来到了建桥工地。帅帅注意到了桥面还有雨水:“下雨了,我们的桥会不会淋坏呢?”

启戎:“肯定会咯,因为它是木头做的。”

在孩子们的观念中木头好像是不能进水的,如果淋湿就会坏掉,于是他们开始讨论“怎么样让桥面不淋湿”的方法了。

“桥面会不会腐烂啊?如果桥面会腐烂的话怎么办?铺砖块?铺空心砖?铺块布?”眼看孩子们想到的办法一直停留在遮住桥面上,我们心里有些着急。

2. 防水的木头

瑶瑶说:“我见过一座桥,那座桥是木头做的,在水面上,是一块一块木头拼的。”

启戎说:“好厉害哟!那我们也像瑶瑶说的那样做那种一块一块木头拼起来的那种桥面。”

瑶瑶说:“我觉得网上可以搜查,查到了以后就可以在网上订购那种木板。”

3. 桥面拆除还是不拆除

老师:“买回来的木头怎么用呢?直接铺上去还是拆掉现在的桥面铺上去?”

石头说:“还是拆掉吧,如果全拆掉,换上新的木板的话呢,这个桥整个就会防水。要是不拆掉,只把新的木板铺上去的话,新的木板是防水的,但是雨水会流到下面去。”

投票决定,结果10个人认为应该全部拆掉,启戎一个人却反对:“我不想全拆,因为全拆掉的话会很麻烦。”

瑶瑶说:“我觉得只要桥面能防水,再难我们也要把原来的桥面拆掉。”

启戎说:“不同意。把这个掀掉就很麻烦,因为它已经被水泥黏住了,很牢固。”启戎指了指拱形木。

老师:“那你试试看能不能抬动它。”启戎没能抬动,孩子们开始一起使劲,桥面就被抬动了。

铭铭很高兴地说:“抬动了。”

启戎由之前的疑惑开始变得很开心:“那我们就一齐把它拆掉吧!”

4. 齐心协力拆除桥面

开始拆桥面了，抬起桥面还有口号呢，小霖喊着："1，2，3，抬！"

拆除桥面也是有步骤的，孩子们想到先把下面的支撑柱拆掉。帅帅："我觉得应该把它下面支撑桥面的（柱子）先拆掉。"这个想法得到了大家的同意。

小霖马上又指着桥面下的桥拱："这个需要拆吗？"

帅帅说："这个要拆掉，不然我们怎么移动。"

帅帅又说："把它抬出来，把它抬到旁边去。"

小霖问："往哪个方向抬？"

斌斌说："往右或者往左也行。"

瑶瑶说："我们往草坪那边抬吧，那边空一点。"

不一会儿，桥面就被抬到了旁边的草坪上。

图13　拆桥面

5. 购买防腐木

什么是瑶瑶说的防水的木板呢？瑶瑶建议大家上网查并订购。查询后发现所谓防水的木板叫作防腐木。

图14　测量长度

订购多少防腐木呢？防腐木又要订多长的？下午实地测量，孩子们了解到原来桥面木板横着铺和竖着铺，用的木板是不一样的，同时他们也意识到测量是和我们的实际需求结合起来的。

孩子们测量好后我们又进行了计算，当天下午上网订了防腐木。

6．存放防腐木

（1）搬防腐木

怎么搬呢？搬到哪里去？孩子们就搬运计划展开了一番小讨论，并做出了自己的搬运计划。

帅帅说："可以先把保护膜拆开，一起搬一块木头就更容易，因为一堆的木头会很重。"

老师："我们把木材运到哪里更好呢？"

小顾说："运到材料屋。那个地方会更方便呢！"

小石榴说："我觉得材料屋里已经放满了材料，如果再堆在上面也不太合适。"

石头说："我感觉能够放在上面那个大屋子里。"

接着我们有序搬回了防腐木，还开辟了一个大的材料屋。而孩子们计划的两两搬运、传递搬运等方式都得到了运用，值得提及的是，类似搬运防腐木这样的合作接力传递的方法在这次建桥活动中反复被孩子们用到。

图15　传递搬运防腐木

（2）给防腐木分类、命名

长期的探索活动，让孩子们知道，将材料归类放好会方便我们活动的开展。第二天他们就自发地量出防腐木的长度，比较出防腐木的厚度，对防腐木进行分类，分类好后还习惯性地为每一种防腐木做了小标记。

图16　给防腐木分类、做标记

这些木板逐渐被孩子们简称为143厚、143薄、110厚、110薄……

我们和孩子们还从商家那了解到，原来桥面下那一种支撑的木头可以称作“龙骨”。

龙骨和桥梁

1. 龙骨断裂

因为迫不及待地想试一试新的材料怎么样，孩子们很快就将“143厚”的木板一块一块整齐地平铺在桥上，一个比之前更加漂亮的桥面就出现了。有孩子还提议要去邀请成老师来看我们的新桥面。

一天下午，孩子们成功请来了成老师观看我们的新桥面，并骄傲地和成老师说：“桥面很结实，有小朋友试过了，是可以走上去的。”

成老师正为孩子们高兴呢，突然发出一声响动，原本整齐的桥面一边塌陷下去，发生了什么事情？原来是小石榴趴在桥面上，支撑桥面的一根龙骨断裂了。

图17　龙骨断裂

现场先是一片寂静，接着孩子们开始指责、懊恼起来，我们立刻将孩子们的关注点引向桥面安全问题。一番讨论后，他们觉得龙骨断裂反而是一件好事情了，桥面安全的考虑是很有必要的。大家纷纷向小石榴说起“谢谢”！

2. 桥梁改造

图18　设计龙骨摆放方案

龙骨断裂了，怎么改造更安全呢？加桥墩？加龙骨？讨论后大家都同意先加龙骨。可是现场一共只有四根长龙骨了，怎么摆放更结实呢？

A方案：一边放两根龙骨。B方案：四根龙骨在整个桥面要均匀分布。

图19　试验哪种方案更结实

哪种方案更结实？试一试就知道了。怎么试呢？找出最轻的小朋友来进行实验。谁最轻呢？孩子们通过排序的方式认为帅帅个子最小，可能是最轻的。

实验证实B方案是更加结实的。

图20　调整桥墩位置

到底有多结实？再次实验时文文一句“要不要我帮你下去撑着呀”，让孩子们突然意识到，可以在桥面下增加桥墩让桥面变得更结实。可是桥墩撑在哪里最好？撑在龙骨上，龙骨又该放在哪里？哪里是桥面的中间……一系列的问题层出不穷。为了继续实验，大家又搬来砖块把四个角桥墩垫高，直到所有桥墩一样高。

大家用排排站的方法找到了桥的中间。畅畅又建议大家：“桥墩最好举到龙骨交叉口，这样子桥墩之间的距离就能一样了。”其实这样也让龙骨支撑桥面的力更大。实验继续，帅帅非常激动地说：“有了这个桥墩以后，特别结实了，太棒啦！就选这个方案了！”

问题又来了：桥墩太高。

小石榴说：“台阶那么矮，桥面那么高，人就跨不上去了。”

老师：“那有什么办法解决这个问题呢？”

图21 调整后的桥面太高

小范说：“把方木桥墩换成矮一点的，这样就可以了。”

老师：“矮到多高呢？”

小范说：“矮到和旁边的砖块做的桥墩一样高。”

老师：“怎么把这个变矮呢？”

小顾说：“就可以在地底下挖一个大坑，然后把木头塞进去。”

老师：“也就是再挖个地基。地基挖多深？”

他们拿起方木和原先的桥墩比一比，在多出来的地方用笔做上记号，多出来的部分就是要挖的地基深度。

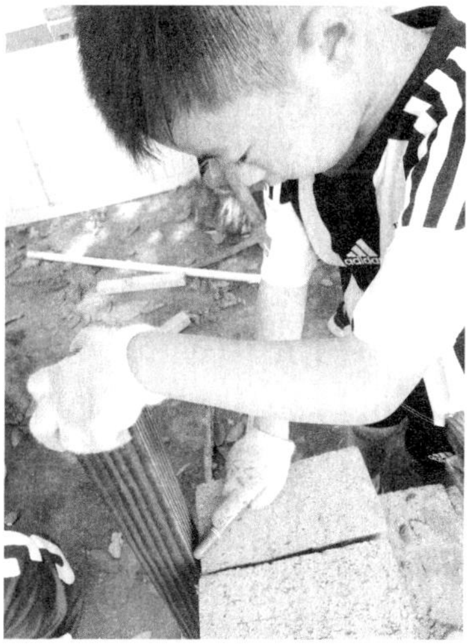

图22 地基挖多深，我来量一量

3. 我们的“固定”方案

怎么把木头和砖块固定起来呢？多多建议大家把螺丝钉打到水泥里面去，这个想法马上受到了来自灏灏的一连串质疑：“我们没有螺丝钉啊，螺丝根本就敲不进去，我们也没有这么长的钉子，没有那么硬的钉子。”小景说：“可以用铁锹把它铲掉一丁丁，然后再把钉子钉在被铲子铲掉一丁丁的水泥的地方，看看能不能钉进去。”灏灏说：“小景你是说要用铁锹在桥墩上掏一个洞出来吧？”小景向灏灏补充自己的想法：“掏一个很小很小的洞。”我们也很感兴趣地问：“小景你打算用什么来掏一个很小很小的洞呢？”启戎激动地说：“锤子？”小景很懊恼地摸头说：“我说的是像一把铁铲子，很灵活，戳一个小小的洞，像蚂蚁那样，这样就容易钉上去。”最后孩子们第三次提出向家长群寻求帮助的请求，看是否有专门做木工的爸爸妈妈可以来帮助我们。

接下来的一天，瑞安叔叔来到了我们的建桥工地。孩子们向叔叔介绍完固定方案后，叔叔拿出了电钻：“这个需要用到电钻，把螺丝钉打进去。”

看到电钻的小景非常激动：“有了，就是用电钻在砖块上戳个小洞，然后把螺丝钉打进去。”叔叔肯定了小景的想法，装上了一个长钻头，就在桥墩的砖块上打洞。打好洞后，一个白色的东西引起了孩子们的兴趣。叔叔告诉孩子们那个叫作膨胀管，螺丝钉就是要打到里面去的。孩子们发现叔叔钉膨胀管一般是用目测的方法。孩子们又观察发现叔叔固定钉子是有规律的，有时候先固定四个角，有时候先固定两边。

跳跳在叔叔准备钉桥面的时候提出了自己的想法：“拉一根线，桥面上的钉子就整齐地钉在线的旁边。”拉好线后，他们自己也体验了一下怎么使用电钻，既要一边扶着电钻，让它一直垂直木板，又要一边用手往下压电钻。

图23　使用电钻钉钉子

建桥中，就是钉钉子这么一件小事情也是要有方法的，小朋友要一起帮忙才能完成呢。

在叔叔的帮助下，我们的桥面很快就固定好了。

启戎想到了桥面围栏的事情问：“老师，你说我们这个桥，需不需要围栏呀?”为了安全起见,大家都觉得装围栏是很有必要的。最后,孩子们和叔叔一起用剩下的木头做好了桥的围栏。我们的桥就基本完成了。

尾　声

1. 留下造桥的痕迹

一天,石头走在桥上说:“我总感觉还差了点什么,要把我们的名字填上去,然后,弟弟妹妹就知道这是我们建的。”

图24　留下自己的名字

这个想法得到了大家的一致认可。可是怎么留下名字呢?他们在台阶的两侧抹上了水泥,然后小心翼翼地把自己的名字写在了未干的水泥上,还刷上了漂亮的颜色。

2. 桥梁竣工庆祝会

在桥上散步时,启戎感叹说:“现在我们的围栏可以扶着,还可以……”石头:“水果,摆点水果。”大贺在一边大笑了起来:“摆点水果?”铭铭很开心地说:“庆祝一下我们的桥造好了。”小顾说:“庆祝一下,那我们可以买个蛋糕啊!”

图25　庆祝会注意事项

于是我们和孩子、家长一起策划了一次小小的庆祝会。

庆祝会前,孩子们制作了邀请函,请来了帮助过我们的老师、叔叔阿姨、爷爷奶奶,向他们表达了我们的感激之情,还请来了隔壁班的好朋友分享自己的喜悦。

图26　桥梁竣工仪式

图27　爸爸妈妈送来的蛋糕

爸爸妈妈还满足了孩子们的蛋糕心愿，送来了蛋糕，让孩子们与所有帮助过我们造桥的人一同分享。

3. 造桥中的小生物世界

建桥过程中，一个平时不太能接触到的小生物的世界呈现在孩子们面前。他们发现在那片小山坡旁原来居住着那么多的小生物：有喜欢在台阶上乱跑的很小很小的蜘蛛，有喜欢躲在砖块下一碰就会蜷缩成一个球的西瓜虫，有住在土里的大蚂蚁，还有随着天气越来越炎热出现的越来越多的蚊子。

同时树上也会有些东西出现在我们的故事里，譬如会不小心掉下的爬树的蚂蚁，路过的鸟留下的便便等等。后来桥上的便便引起了孩子们极大的探究兴趣：会是谁的便便呢？为什么会在桥上便便？鸟是怎么便便的？所有的鸟的便便都是一样的吗？怎么可以知道是谁的便便？……

4. 我们的造桥故事

一些孩子还将自己和桥梁的故事记录下来，并对未来的桥梁充满各种各样的想象，有的猜桥梁和小猫、小鸟成了朋友，有的描绘出了自己即将错过的桥的秋冬春夏。于是我们鼓励孩子们尝

图28　我们造的桥

试将自己在建桥中发生的故事记录成了一本本小小的桥梁故事书。

孩子们已经毕业，希望这座美丽的天鹅桥将能在他们童年的回忆里占有永恒的一席之位。

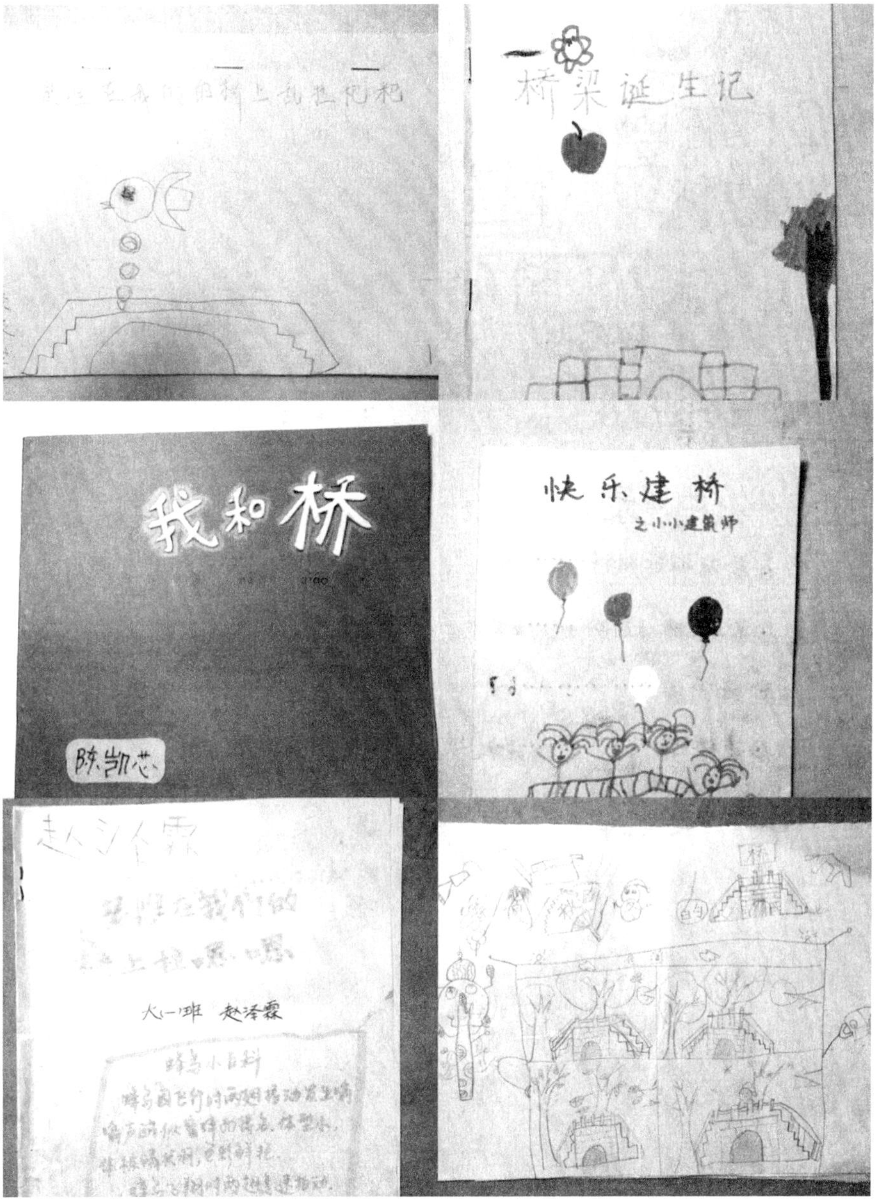

图29　我们的造桥故事

专家点评

非常喜欢《小小桥梁工程师》这个课程故事，让我有种想参与其中与幼儿共同建构桥梁的冲动。为何喜欢？想来是基于以下几点。

第一，这是一件“真”事。不同于游戏，这次是幼儿要建造一座能上人行走的“真”桥。因为真实才有趣，也更投入，所以，我们能感觉到幼儿有很多情感的参与，不只是快乐，也会有遇到困难，比如桥断了后的伤心和难过。我还看到了幼儿的重视和兴味盎然。活动很有仪式感，有开工仪式、铺桥仪式、竣工仪式，最后还有一本故事书来以兹纪念。相信建构了这座桥后，孩子们对于幼儿园的情感将会更加刻骨铭心，这就是最好的“爱幼儿园”的教育。其次，也因为真实才更有挑战。故事当中充满了很多很多的曲折，选址、结构、重量、平衡、材质都会影响“桥”最后能不能建设成功，每一步都给予幼儿真实的体验。

第二，促进了幼儿的“真”发展。活动落实了《3—6岁儿童学习与发展指南》里面的很多要求，将涉及的各个领域的学习真正地、有机地融合在了一起。各环节都非常清晰，一个台阶一个台阶，一层一层，一步一步，也体现出一种深度的学习。比如，木板横着铺和竖着铺会有什么不同，怎样测量面积等。在持续的活动中，我们看到了幼儿不断追随问题、解决问题，获得完整经验的过程。

第三，体现了对幼儿的“真”支持。环境就是课程。建这个桥其实就是幼儿园环境的一个创设过程。但一般来讲，幼儿园里太多的环境创设都是成人在发挥作用。尊重儿童的想法，让幼儿建构一个不只是看、不只是装饰、不只是玩的，是可以用、可以走的桥，体现了教师对儿童发展的“真”支持。所以幼儿真切感受到“我就是环境的主人，我就是幼儿园的主人”。儿童中心、教师支持，这一点非常重要，这是课程故事续写和演绎过程中的主旨，我们始终应该强调儿童是中心，教师只是发挥了一种重要的支持作用。这一点在这个故事里面表现得比较明显。

（南京市实验幼儿园　章　丽）

蓝天小兵

空军济南基地机关幼儿园　杨鲁云　任海松　张岩辰

持续时间:2017 年 4 月至 2017 年 10 月

年龄段:大班

我们的幼儿园坐落在部队营区内。幼儿每天来幼儿园,都会见到身穿军装的解放军叔叔。幼儿和解放军之间会发生怎样的故事呢?

天天都能看到您

孩子们每天来幼儿园,第一眼见到的就是在营区门口站岗的解放军叔叔,他们保持着标准的军姿,挺拔、威武,又神气;一路向幼儿园走来,每个路口又会看见疏导交通的解放军叔叔;来到幼儿园门口,还是他们在保护着我们的安全。

每个学期的第一次升旗仪式,幼儿园都会邀请警卫连的战士们来升旗,为新学期助力。他们升旗时标准的动作、肃穆的神情,给全园的孩子留下了深刻的印象,并赢得了孩子们的惊叹和掌声。

幼儿园进行防暴演练时,我们也请警卫连的战士来帮忙。战士们荷枪实弹、快速找位、制服歹徒的英姿也印在了孩子们的脑海中,他们知道出现危险时解放军叔叔永远跑在最前面。

在这样的环境氛围下,孩子们对解放军产生了认同与崇拜,解放军叔叔已是既亲切又重要的存在。

第一次近距离接触——参观训练场

中班下学期的远足活动中，孩子们路过营区的训练场，刚好看到解放军在训练，整齐的步伐、响亮的口号吸引了孩子们的目光。回到班里，他们讨论着看到的场景，有的还模仿起了动作。

军人家庭长大的大壮说："我爸爸就是带兵的，我看过叔叔训练，他们会练习走路和打枪。"大壮的分享让其他孩子羡慕不已。康康说："我也想去看叔叔打枪。"小宇说："老师，能让我们也去看吗？"

老师倾听着孩子们的需求和想法，要做他们最有力的支持者、合作者。于是我们积极与部队联系，根据孩子们的需求和部队的训练计划，确定了参观时间。

图1　参观训练场

1. 我是小记者

10月的一天，兴奋的孩子们进入了训练场。军人们响亮的口号，行走时发出的摩擦声，整齐的脚步声，让孩子们看得凝神屏气。秋季虽有凉意，但太阳依然强烈，孩子们看到站军姿的叔叔满脸汗水却纹丝不动，不仅身体不动，连眼睛都一直盯着前方，不随便乱看。他们小声议论着：叔叔们不热吗？不累吗？叔叔拿着枪动也不动，这枪是真的吗？

孩子们心中的疑问越来越多，当下的情境，正是鼓励、支持幼儿与成人语言交流的好时机，于是老师说："你们可以当小记者，去采访叔叔呀！快想想你们要问的问题。"在叔叔休息的间隙，孩子们终于按捺不住地扑了过去，一个个问题让叔叔们应接不暇。

孩子："叔叔，你老是站着不累吗？"

解放军："累啊！但是要坚持！"

孩子："叔叔，你们怎么走得这么齐啊？"

解放军："因为我们每天都训练，如果不整齐就不像队伍了！"

孩子："叔叔，你们的脚砸到地上不痛吗？"（叔叔们踢正步时脚落地的声音，给孩子留下了深刻印象）

解放军："刚开始练的时候有点疼，我的脚都磨破了。"

孩子："那就别练了啊！你疼哭了吗？"

解放军："那可不行，你是男子汉吗？怎么能怕苦怕累呢？解放军可是流血、流汗、不流泪的！"

听着这些话语，孩子们似懂非懂地点点头。

根据孩子们的愿望，解放军叔叔表演了军体拳，一招一式都赢得掌声。解放军叔叔还请孩子们观看射击瞄准练习，孩子们摸到了真正的枪。孩子们兴奋不已，在返回幼儿园的路上，他们开始学着叔叔走路的样子，响亮地高喊着"一二一、一二三四"，虽然只有短短的300米，却像开始了一个新的征程……

图2 小记者采访

图3 观看射击瞄准练习

2. 我是设计师

回到班级后的分享中，孩子们对解放军叔叔有了更深的了解，知道他们其实训练很辛苦，还知道做事要坚持。睿睿忽然开口说，他长大要制造出不会磨脚的鞋子给叔叔穿。这个想法让大家眼前一亮，于是他们纷纷拿起画笔，变身设计师，为叔叔们设计各种东西。龙仔设计了一个隐形帽，帽上居然有个小风扇，帮叔叔挡太阳、吹凉风，设计成隐形的是因为叔叔头上还戴着一个军帽。耀坤设计了像变形金刚一样的变形枪，折叠以后很小巧。这次的画风，一如往常的天马行空，但我们却惊喜地发现，每一幅的主题都很明确，设计意图都那么贴心，那么为叔叔们着想。这一份设计，饱含着孩子们对解放军叔叔浓浓的爱意。

3. 我们不怕累

参观完训练场，老师充分注重在生活中的情境和机会教育，利用成人是幼儿最好的榜样这一点，在活动中时时用军人精神来激励他们："还记得叔叔跟我们说过，军人可是流血、流汗、不流泪的吗？"有这样的榜样激励，孩子们在早操活动中口号响亮了许多；走路也更加带劲；集体荣誉感也慢慢地增强，各种活动中，都为自己的小组、队伍加油鼓劲，为胜利欢呼雀跃。

霖霖是个动作比较慢的小女孩，不太愿意参加体育活动。平时跑步时，到了后半程经常是走着回来，每次问她就说跑不动，太累了。后来一次跑步中，当她在后花园要慢慢停下来时，后面追上来的龙仔说："霖霖你还是加油跑吧，坚持就是胜利！"龙仔嗓门大，感召力强，已经跑到前面的小朋友回身拉着霖霖的手一起跑，就这样两个小姑娘一起完成了全程跑。跑步结束后老师表扬霖霖："看，只要坚持就一定行！"同时也表扬全班孩子："这次咱们班跑步，没有一个掉队的小朋友，是最整齐的班级！"其他小朋友也学着解放军叔叔的样子附和道："不抛弃、不放弃，只要一直跟着前面的小朋友跑，就不会掉队。""我们以后都能第一个跑回来。"……之后在跑步时，班里很少再有中途喊累的孩子，孩子们在奔跑中感受着互相鼓励的力量，霖霖也在一次次的坚持中逐渐变得自信坚强。

幼儿园的品德教育应当以情感教育和培养良好行为习惯为主，注重潜移默化的影响，并贯穿于幼儿生活以及各项活动之中。解放军精神，就这样慢慢融入孩子的生活。

4. 想要走近您

一段时间以来，解放军成了孩子们不变的话题，孩子们对解放军叔叔的问题也越来越多：叔叔们住哪里？他们的家在哪儿？叔叔和我们一样，在一起吃饭吗？能去叔叔家看看吗？

老师问："你们想去叔叔家看什么呢？"雯雯说："看他们和我们住的一样吗。"小米说："看他们家都有什么。"龙龙说："看他们不训练的时候干什么。"孩子们你一言我一语地争相发言。这么多想法，怎么才能让叔叔都知道呢？"那就全都画下来吧！"浩浩的提议全班通过，老师说这叫请愿卡，向解放军叔叔发出请求。可是请愿卡怎么做，上面要写什么，孩子们各自都有不同的想法。

铭铭说："请愿卡上面一定要画一个五角星，代表解放军。"（知道标志的含义）

康丞说："肯定得画上一把冲锋枪，因为除了解放军和警察其他人都没有枪，然后把衣服都涂成蓝色的，因为空军叔叔的衣服是蓝的。"（知道用标志物代表职业）

安安说："要用硬一点的、漂亮一点的纸，画好后折成贺卡的样子，用信封包起来再送给解放军叔叔。"（生活中有收到美丽贺卡的经验）

龙仔说："咱们把想看的画出来，然后请老师帮咱们写上字就行了。"（知道文字的作用）

每个孩子都有自己的想法，最后老师提议把大家的想法集中起来，做成全班的请愿卡，先把自己想画的内容画出来，再剪下来，选择大家最想了解的内容，把它们拼在一张大纸上，组成一张完整的请愿卡。这个方法获得了孩子们的认可，他们自愿结成小组，有的画，有的剪，经过半天的分工合作，投票选出了最想知道的、画得最好的内容贴到了请愿卡上，由老师帮忙写上文字，一张超大的请愿卡诞生了。在离园前，班里又选出三位小代表，将请愿卡送给来接大壮的爸爸，请他转交。

请愿卡的制作,支持了幼儿想去参观军营的决定,帮助幼儿树立了尊重他人的意识,知道用适当的方式表达自己的想法。

第二次近距离接触——参观军营

孩子们有了想法,老师就要“提供必要的条件,帮助他们实现想法”。为了让参观活动更有意义,老师们在与连队领导沟通后,从参观路线、参观内容、活动前的猜测和活动后的分享等环节,做好细致的预案。

1. 猜猜军营什么样

诚诚说:“爸爸跟我说过,解放军叔叔都住在一起,和我们上幼儿园一样,他们是上下铺的!”

轩轩说:“他们橱子里的衣服肯定都是一样的,因为平时我看他们都穿军装。”

东东说:“叔叔的家里应该就像我们的家一样,有好多房间,有卫生间、餐厅。”

小达说:“叔叔屋里应该有电视和电脑。”

孩子们根据自己的生活经验,进行了大胆的联想和猜测,并通过图像表征出来。那军营到底是什么样的?我们一起实地调查一下吧。

2. 参观军营

从进入连队大门的那一刻起,孩子们的观察就开始了。

“这里的楼梯和幼儿园的不一样,又高又宽。”

“不锈钢的扶手比幼儿园的粗很多,我们小朋友握不过来。”

“叔叔的被子都是方方正正的,边上都是尖尖的。”

“叔叔的宿舍非常整齐,脸盆和牙刷、牙膏摆在一起,还有上下铺。”

“门口还有解放军叔叔站岗。”

“叔叔们的储物柜里,东西都整整齐齐地摆放在里面呢!”

他们从屋里看到屋外,拿起大大的水杯在观察,试着戴了大军帽,还发现叔叔们睡觉的地方没有电视和电脑;房间没有厕所,要走到走廊的尽头才有卫生间;叔叔们有专门学习的会议室;还有个地方是餐厅。孩子们笑着说:“叔叔们每天都在酒店吃饭啊!”叔叔告诉孩子们,这可不一样,餐厅里也有解放军叔叔,他们是炊事兵,任务就是做好饭菜,保障生活。

图4　叔叔的大水杯

图5　戴上军帽

“叔叔,这个床腿上的小东西?是干啥的?”孩子们对上下铺中间的一个小铁铛发生兴趣。老师请叔叔先不要揭晓答案,而是让孩子们开启猜想模式:有的说是挂帽子的,有的说是挂书包的,还有的说是挂水壶的,最后看了叔叔的演示才明白,原来是爬到上铺去的小脚蹬!叔叔还应孩子们的要求,示范了叠豆腐块的被子。

图6　这是什么

图7　登上小脚蹬

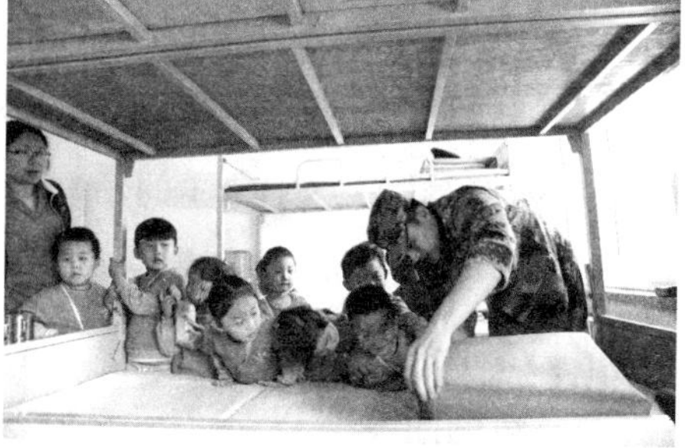

图8　叔叔教我叠“豆腐块”

由于参观前有了一定的猜测,所以孩子们的观察更有目的,他们注意到了事物形状的不同,能用形状词来描述,感受到了“制式”摆放的整洁和震撼,体会到了军人的严谨。

参观归来

从军营一回到班里,孩子们纷纷说出了自己的想法。

“我们的被子也可以叠得和解放军叔叔一样。”

“我们的玩具柜也得整理了。”

“我长大了也要当一个解放军！什么东西都能放得很整齐！”

从那天后,值日生在整理玩具柜时,会相互提醒把彩笔倒向一个方向,像叔叔的牙刷一样,午睡前叠衣服更加整齐。鹏鹏午睡起床后迟迟不肯吃午点,非要把被子叠成“豆腐块”。欣欣的妈妈说:“欣欣原来在家老是磨蹭,自从参观军营后,有了很大变化,能够自己的事情自己做,坚持自己洗漱,不用大人催了,还能把毛巾捋得平平地挂着。”

无论对生活、学习还是工作而言,整洁有序、物归原处都是让人受益终生的好习惯。平时孩子们总靠老师的提醒,这次通过最直观的感知和体验,有了直接的理解,并付诸行动。

第三次近距离接触——军训

经过前期的活动,孩子们对军营更加向往。早操做完军体拳,他们经常会问老师:“我们什么时候能再去一次军营啊?”“我想跟着解放军叔叔学真正的军体拳！”……什么样的活动既能够满足孩子成为小小兵的兴趣和愿望,还能让他们在活动中锻炼身体素质,培养坚强、勇敢、不怕困难的意志品质呢?经过讨论,有了我们第三个活动——军训。

1. 军训前准备

幼儿军训,涉及幼儿、教师、教官三个方面,为此我们积极协调,统筹设计,力求将军训完美启动。

(1)老师的准备

我们的每次活动都得到了部队领导的大力支持和帮助，为了让孩子们获得更好的体验，确定军训使用部队的训练场，不在幼儿园。经过反复的教研，老师们根据大班幼儿年龄特点和身体情况，制订了为期一周的军训计划，包括每天训练的科目，训练时间，训练中喝水、如厕、休息时的活动安排等等，尽可能制定得详细。幼儿园专门给孩子们定制了军训服，从面料、花色到质地、款式，都是老师们亲自设计的，这套独具特色的军训服会留在园内，每年循环使用。同时为了纪念孩子们的第一次军训，我们还设计了一枚可爱的蓝天小兵勋章，准备给孩子们一个惊喜。

（2）与教官沟通

我们请警卫连为孩子们配备沟通能力强、有亲和力的教官。按照我们的要求，教官各个帅气威武，可是他们从来没有训练过这么小的兵，于是老师们先把孩子熟悉的整队口令和语言指令告诉教官，方便教官以最快的速度整理孩子的队伍；第二是告诉教官哪些话孩子们能听懂，哪些话听不懂，哪些是孩子能够做到的，便于教官提前了解孩子；第三与教官确定训练内容和适合幼儿的训练方式，特别是训练强度，比如，一个静止动作不超过3分钟，等等。

（3）军训前动员

军训在孩子眼中是什么样的？他们的前期经验有多少呢？

然然说："军训就是像国庆节阅兵一样。"

大江说："解放军叔叔要教给我们很多本领，然后我就会变得很厉害，就像一个男子汉！"

洋洋说："军训的话我们也会穿上军装，就和解放军一样。"

小雨说："军训时不仅要听老师的话，还得听教官的话。"

住在大院的源源说："多学唱一些歌，因为还要拉歌。"

经过较为充分的准备，史上最小军训生来了！

2. 军训

金秋十月，大班5个班级的小朋友身着迷彩服、头戴迷彩帽，走向了训练场，教官们早已在场地等待着我们。孩子们因为穿上了军装，有说有笑兴奋不已。

（1）授旗仪式

总教官宣布授旗仪式开始，教官叔叔们手持着“蓝天小兵”的旗帜昂首阔步地向我们走来，热闹的孩子们一下就安静了，肃穆地望着那红红的旗帜，这一刻同样也感染着老师们，就像在等待阅兵一样激动不已。教官们把每面旗帜发到班级，致以军礼，孩子们也懵懂地学着叔叔的样子敬起军礼。“接过红旗就是兵”，教官们马上进入角色，孩子们已被这仪式感染，挺拔地站立在训练场上，等待着考验。

图9　授旗仪式

集体、国家，不是简单的两个词语，而是从小到大的尊重和热爱。隆重的授旗仪式，让孩子们从庄严的动作上，感受着旗帜代表的含义，也感受到对旗帜应有的尊重。

（2）训练篇

军训活动为期一周，5个班级在同一个训练场地同时进行。每天早上9点钟，孩子们会身着小军装，准时出现在训练场，而他们也发现每次教官都提前到场，等待着他们。教官的榜样力量无形地影响着孩子，培养了他们的时间观念。

站姿、坐姿、行进走、匍匐前进是成为一名小兵的必修课，也是军训必学的本领。因为每个班都想得第一，所以也发生了很多有趣的故事。在站姿训练中，有一天老师忽然看到田田脸上挂着泪，休息时问他为什么掉泪，他说他站得腿有些疼，很想动一动，但想到如果动了，班级就不能得第一，就输了，只好忍着，但腿还在疼，所以忍不住就默默掉泪了。在训练行进走时，孩子们开始不在意，谁不会走呀。可一旦训练起来才发现，所有小朋友的胳膊摆得一样齐，步子迈得一样大，不快不慢真不容易。因为教官告诉小朋友:我们是一个集体,一个队伍要整齐,就得走得像一个人。为了这像一个人的队伍,他们反复训练。走到最后,即使走顺拐也很自然!

这就是军训,并不单单是让孩子们学会一个标准动作,而是让他们在动作练习中融入集体,在训练中考虑他人、控制自己,感受坚持、忍耐,并为荣誉而战。

正是:英姿飒爽少儿郎,曙光初照训练场,蓝天小兵多奇志,不爱童装爱军装。

图10　站姿训练

图11　行进走

图12　匍匐前进

图13　流泪也不动

(3) 休息篇

休息的时候孩子们又和教官闹在一起,这时的教官也童心绽放,有与孩子们一起跳舞的,有摆拍的,也有说悄悄话的,充分体现了铁汉柔情的一面。休息中最具特色的就是拉歌了,这些歌曲是各班的秘密武器,他们提前在班里商量好，把自己会的歌曲全都悄悄复习过，就为了在拉歌中胜出。各个班级此起彼伏的拉歌口号和嘹亮的童声响彻营区，还真体现出了部队“团结、紧张、严肃、活泼”的作风。

（4）汇报篇

军训汇报是衡量每个班军训结果的环节，所有孩子都铆足劲让自己班表现得更好！在拉歌活动的铺垫后，孩子们各个斗志昂扬，每个班上场时，老师带着孩子们高喊着本班的专用口号，如“大一大一，永争第一”“大二大二，独一无二”等来鼓舞士气，用语言激励孩子们“我们是最棒的”！孩子们注意力非常集中，动作整齐、有力且到位，站立时小手都能紧贴裤缝，盘坐时双手都放在膝盖上，成了一名合格的小兵。当汇报后得到大家掌声的那一刻，孩子们的小脸上露出了自豪的笑容。

图14　站姿

图15　坐姿

《指南》指出：成人具备良好的行为习惯，幼儿就会耳濡目染，潜移默化，从中受到熏陶，得到启发。通过向军人学习，幼儿亲身体验到解放军叔叔的辛苦，激发了幼儿爱军、爱国情感。军训，让幼儿渴望成长，愿意成为像教官叔叔那样“有灵魂、有本事、有血性、有品德”的人。

（5）告别篇

离别时刻就要到来，孩子们将提前准备好的、最代表自己心意的礼物：

表演节目、画一幅画、做个纸飞机，送给心爱的教官，感谢一直耐心陪伴他们的教官叔叔！而教官回赠给孩子的则是射击后的弹壳，这简单却最具军营特色的礼物让孩子们爱不释手。听听孩子们的心声……

“严教官，我还想让你再和我们一起军训！”

“叔叔，我长大了也要当一个像你一样的军人。”

“叔叔，希望你可以天天开心，越来越帅。”

“叔叔，我会想你的！”

这样一个过程让铁骨铮铮的教官们也为之动容。在“蓝天”下的军训，一定会是孩子们成长道路上记忆最为深刻的活动！

夜宿幼儿园

在前期参观军营的活动中，孩子们提出过：“我们可以像叔叔一样住在一起吗？应该挺好玩的。”可是真的讨论起这个问题，孩子们却产生了分歧，有的兴奋不已，有的满脸愁容。我们在征求了孩子和家长的意见后，按照多数孩子的愿望，在军训的最后一天组织了留宿活动，让我们的小兵可以更深刻地感受军人生活。

1. 参与制订计划

留宿对孩子们来说是一件新奇的事情，他们对留宿充满了好奇。《指南》中指出：“制订计划是行为的前提，是对整个行为的统筹规划，5—6岁幼儿能在成人的帮助下制定简单的计划并执行。”为此老师和孩子们一起进行了讨论：什么是留宿？留宿当天你想做什么？在幼儿园留宿，你们担心和害怕吗？孩子们纷纷表示：“老师，我不怕，我是一个小兵，我也长大啦！”通过谈话和讨论，孩子们统一了意见，决定了留宿那天要做的事情：看电影、吃好吃的、寻宝。

2. 自己的事情自己做

留宿需要带什么？经过讨论，孩子们记录下讨论结果，在家中把个人用品分门别类地整理好，带到幼儿园放在统一的位置。吃过晚饭后，孩子们清洗自己的餐具，体会着父母打理家务的辛劳。之后和老师们一起布置小影院，摆椅子、搬桌子，忙得不亦乐乎，让"蓝天小剧场"顺利开播。入睡前，自己刷牙、洗脸、洗脚，还洗干净了自己的小袜子。换好睡衣，个个变身小能人，不论是衣橱还是我们换下来的衣物，都像教官叔叔学习，摆放得很整齐，犹如一个小小军营！

图16 清洗自己的餐具

图17 摆放整齐的洗漱用品

陈鹤琴先生说过："凡是幼儿自己能做的，应该让他们自己去做！"留宿，让孩子离开父母的照顾，体验自己独立生活。在和同伴一起生活中，他们发现了每个小朋友不同的习惯，发现刷牙、洗脸、洗袜子等不同的方法，这让他们感到有趣。个别依赖性强的孩子看到有的小朋友全都自己完成，也感受到了差距，找到了学习的榜样。

3. 寻宝

留宿活动的重头戏"寻宝"活动开始了，家长们悄悄准备了精美的礼物，由老师分散到不同的位置。为了不让孩子过于拥挤和集中，根据幼儿园的地形，每个班都设计了3张不同的寻宝图。孩子们按图索骥，关上灯，拿着手电筒，发现了好玩的光影游戏。"宝藏"在哪里呀？在阳台上还

图18 寻宝

是在床底下？一次次的惊呼和欢喜，是勇敢和智慧的结果。

寻宝过程中，孩子们在圆厅发现了有趣的现象，就是站在中心点上，圆厅的每块玻璃上都显示出一个自己。“数一数你看到了多少个老师？”孩子们左站右站，不断尝试，看在哪个位置能看到最多的自己。

在孩子们像雷达一样的大眼睛的寻找下，“宝藏”统统都被找到了，抱着自己的“胜利果实”，孩子们高兴极了！这是一份特别的“礼物”，是一封妈妈写给孩子的信，对孩子来讲这更是一份爱的回忆。各个班级还以网络直播的形式，让孩子们现场向爸爸妈妈们表达收到礼物的谢意。

4. 我是光荣的“蓝天小兵”

晨光初现，留宿活动顺利结束，鉴于孩子们在军训及留宿中的出色表现，老师们在清晨特别为他们授予了“蓝天小兵”勋章。当老师将勋章别到孩子胸前时，很多孩子竟然以军礼来回敬！看来，军人形象已经印在孩子的心中。

图19 敬礼

军训活动我园已进行了三年，老师们也在《纲要》和《指南》精神的指引下，慢慢地转变观念和教育方式，我们尊重、支持、接纳着每一名孩子，鼓励孩子主动、积极参与活动，希望培养孩子不惧未来，敢于挑战的勇气！

专家点评

只有当周围的资源与幼儿的生活与经验、与教育者的教育意图建立紧密联系乃至互动时才能成为课程资源。这则课程故事充分体现了教师在关注幼儿需要的基础上，充分利用得天独厚的军营资源作为课程资源进行课程设计与实施，进而支持幼儿探索的能力。

课程资源的挖掘与利用是基于对幼儿兴趣与需要的关注。幼儿园身处军营之中，幼儿在“天天都能看到你”的环境中耳濡目染，对解放军的训练与生活充满好奇，他们有很多的问题和疑惑。资源的运用不只是带着幼儿到场看一下，转一下，而是利用资源，创设机会让幼儿持续性在场充分体验。在两年的时间里，教师组织开展参观训练场、参观军营、一周的军训、夜宿幼儿园等活动，满足了幼儿“还想参观”“我想试试”的兴趣和愿望，帮助幼儿感知并不断加深对军营生活的了解。

课程资源的挖掘与利用需要教师有准备。每一次参观、每一个环节教师都是有准备的。参观线路、时间与地点、参观内容、教官的选择等事先都与部队进行沟通，幼儿园也反复地教研，进行方案审议。比如，为了使军训活动更符合幼儿的年龄特点和当前经验，教师与教官就用什么样的语言、选择怎样的活动强度、采用何种方式等细节问题都进行了细致的交流。

课程资源的挖掘与利用需要教师有意识。在这个课程故事的不少环节都表明教师是有意识的。比如，当幼儿在参观解放军训练的过程中产生疑问时，教师没有直接给出答案，而是及时“制造问题”，鼓励幼儿当小记者去采访解放军叔叔，把问题解决的机会留给幼儿。比如，在参观军营的过程中教师有意识地给幼儿留足了动用多种感官探索和猜想的机会。

值得一提的是，发生在军营里的这个课程故事带给幼儿的不是枪与战争，而是帮助幼儿在参观军营、军训等活动中感受到集体的力量，初步体验和学习坚持、坚强、勇敢、不怕困难等良好的品质。

（江苏省教育科学研究院　何　锋）

冻不住的好奇心

苏州幼儿师范高等专科学校附属花朵幼儿园　韩　思

持续时间:2017 年 12 月至 2018 年 1 月

年龄段:大班

缘　起

农历冬月初一突然的降温让人感觉到特别寒冷。早晨,孩子们发现幼儿园里有水的地方都结冰了,在不同地方发现的冰形状也不同。在玩水区的水池里,孩子们发现了一根奇怪的冰柱,它没有装在长条形的容器里,却有着长长的外形。充满好奇心的孩子们对这个奇怪的东西产生了兴趣,随之开启了一段有趣的探究之旅。

“怪”东西是什么

1. 幼儿园里找冰

12月17日天气突然降温,这一天早晨,孩子在幼儿园里活动时,发现许多地方都有冰。大型玩具的攀岩梯上有冰,小转椅里也有冰,水盆、水池里都有冰。有圆圆的冰、长方形的冰,还有不规则形状的冰……孩子们发现:只要原来有水的地方就能找到冰,冰与水之间建立了联系;同时,还发现不同的地方找到的冰形状也不同, 冰的形状与承载水的容器形状相关。

图1　幼儿园里找到的冰

2. 发现冰的美

在找冰的过程中，孩子们发现冰就像玻璃，是透明的，透过冰能看到对面的小朋友，只是小朋友比原来更瘦了一点儿；还发现水池里的冰表面有美丽的花纹，越靠近水源花纹越清晰，他们说："水龙头下冰的花纹就像一根根漂亮的孔雀羽毛。"孩子们还捡到了一片结着冰霜的树叶，他们说："冰就像是给树叶镶了一圈美丽的水晶花边。"孩子们发现了冰的一些特征，也感受到了冬季的美。

图2　发现冰的美

3. 发现"怪"东西

接着，孩子们在水池里发现了一个"怪"东西。"呀，怎么水池里长出了一根冰棍？""它怎么会固定在水池里，就像一根柱子。""它没有装在长长的容器里，怎么会有长长的形状呢？"之前孩子们认为冰的形状与容器的形状

图3 水池里的"怪"东西

相关，而在水池里发现的这根冰柱在没有任何容器的塑形下却有着圆柱体的造型，这个发现超出了孩子们原有的经验，好奇心促使孩子们开始研究起这个"怪"东西。

冰是贴近幼儿生活的探究内容。贴近生活经验的探究内容是幼儿感兴趣的、生动鲜活的、具体的，也是幼儿能够理解和容易学习的。因此，我们要十分关注儿童的生活，哪怕是生活中的偶发事件都可以成为幼儿园的课程资源，对这些内容的探究和学习还能够让幼儿感受到科学就在身边。常说幼儿园课程是儿童的课程，这样的课程需要有儿童的立场和儿童的视角，正如《指南》所说：成人要善于发现和保护幼儿的好奇心，充分利用自然和实际生活机会，引导幼儿通过观察、比较、操作、实验等方法，学习发现问题、分析问题和解决问题。

它是怎么形成的

1. 我们的猜想

(1) 讨论"冰柱从哪儿来的"

图4 猜想1：下雨的雨滴

孩子们回到班级开始讨论起"冰柱从哪儿来的"，先后出现了3个猜想。

猜想1。一位孩子说："我觉得是下雨的雨滴结成的冰柱。因为昨晚很冷，雨滴就结成了冰。"这个猜想很快引来了同伴的质疑："雨滴是分散的，到处都下的，如果真的是下雨形成的，应该草地上到处都有冰柱呀。可是为什么只有水池里有，草地上没有呢？"又一个小朋友说："而且昨天晚上并没有下雨呀。所以我觉得肯定不

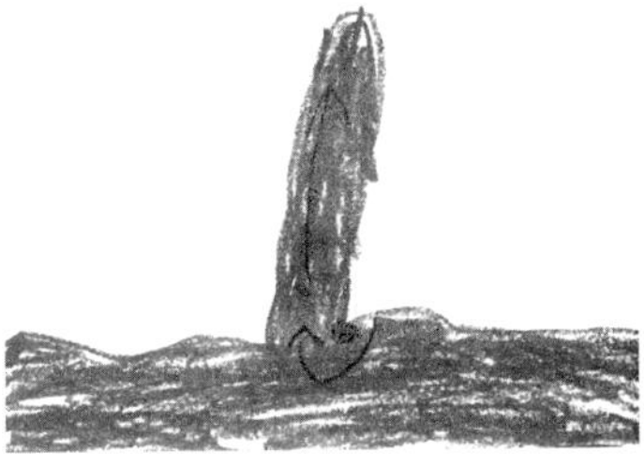

图5 猜想2：水池里长出来的

是下雨结成的冰柱。”

伴随着这些质疑声，猜想2出现了。

猜想2。这时候，另一位孩子提出：“我觉得是水池里长出来的冰柱，一晚上就长了那么高，再长高一点就能碰到水龙头了。”这个猜想同样引来了同伴的质疑：“那为什么只长在水龙头下方，水池其他地方不长呢？”

图6　猜想3：水龙头流出的水

这个质疑声带给了大家新的启发，从冰柱的位置推测冰柱可能与水龙头有关。于是猜想3便出现了。

猜想3。“我觉得应该是水龙头里流出的水结成的冰柱。”大家觉得这个可能性最大。

图7　验证猜想

幼儿在集体讨论中大胆表达自己的想法，先后出现了三个猜想。将“冰柱从哪儿来的”这个问题从天马行空的各种猜测聚焦在“水龙头里的水结成的冰柱”这种可能性上。在这个过程中幼儿会表达，会倾听，会质疑，并且不断建构自己的经验，修正自己的想法。

（2）回到水池验证猜想

于是，大家回到了水池边。豆豆最先打开水龙头。“哎呀，水龙头里的水对不准冰柱。”“啊？难道是我们猜错了？”这时候，乐乐说：“豆豆能让我试一试吗？”乐乐一点儿一点儿的关小水龙头，直到水一滴一滴滴出来的时候，水滴正好与冰柱重合。乐乐说：“我猜会不会是昨晚这个水龙头没有关紧，

图8　将水龙头关到最小的滴水状态

它一直在滴水，滴了一晚上就结出了一根冰柱。”乐乐的想法大家都很赞同。

2. 猜想需要实验来证明

（1）第一次实验

这一天放学前，孩子们又来到了水池边，小心翼翼地把水龙头关到最小，正如早上看到的那种滴水状态。做完这些孩子们高兴地说：“明天早上这个水龙头下一定也会有一根冰柱。”

第二天，天气依然很冷，但是却无法抵挡孩子们的热情，“走，去看看我们猜对了没有。”于是，大家又一次来到了水池边。“呀！怎么没有冰柱？”“但是有一个窟窿！”“水池里的水都结冰了，怎么就水龙头底下没有结冰呢？”孩子们对没有形成冰柱有些失望。睿睿说：“我觉得肯定是哪里出了什么问题。”

图9 一个窟窿

于是，孩子们回到班级针对实验结果，进行了“为什么没有形成冰柱”的讨论。睿睿说：“我觉得是因为昨天晚上天气没有前一天晚上冷，所以没有结出冰柱。”小小说：“你怎么知道前天晚上更冷呢？”睿睿说：“我也不知道，但是可以上网查一查。”于是，睿睿对我说：“老师你能帮我们查一下天气吗？”我当然十分乐意帮助孩子们查询天气。在查询时睿睿还不忘提醒我：“我们是18号早上发现的冰，要查17号晚上的温度哦。”

我把查询结果展示给孩子们看，12月17日最低温度-2℃，12月18日最低温度0℃。睿睿说：“我就说吧，果然是因为温度变高了，所以才会没结成冰柱。”修哲说：“我听妈妈说零下是很冷的。18号最低温度都只有0℃，所以肯定结不出冰柱。”……孩子们你一言我一语谈论了气温。孩子们回家后还和爸爸妈妈一起做结冰实验。

孩子们发现冰柱实验除了需要有水和滴水状态的水龙头以外，还需要很低的气温。于是孩子们开始关注起温度。对实验的结果与预期不同时，孩子通过讨论分析，对比天气报告，进一步感知冰点，获得新经验，从而在冰柱实验中加入了新条件“温度需低于0℃”。接着，孩子们开始每天播报天气

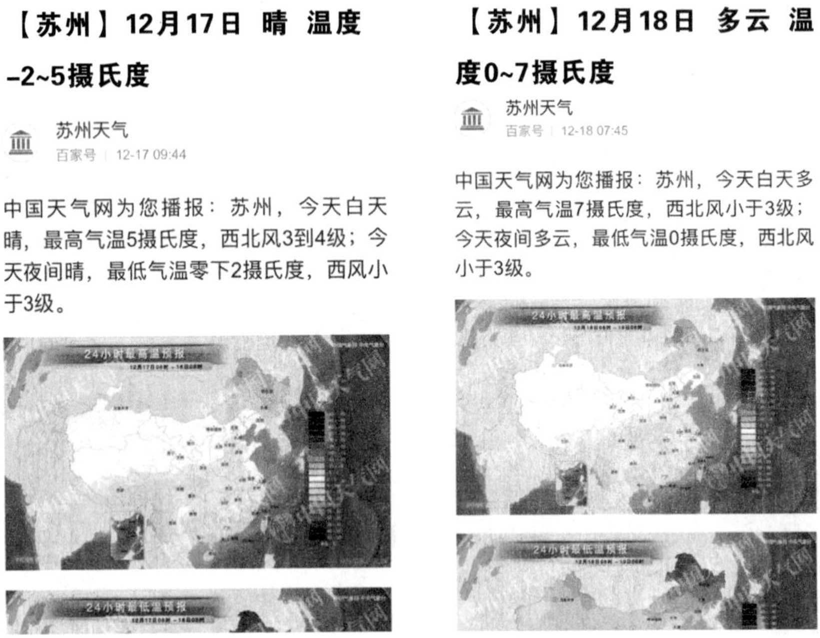

【苏州】12月17日 晴 温度-2~5摄氏度

苏州天气
百家号 | 12-17 09:44

中国天气网为您播报：苏州，今天白天晴，最高气温5摄氏度，西北风3到4级；今天夜间晴，最低气温零下2摄氏度，西风小于3级。

【苏州】12月18日 多云 温度0~7摄氏度

苏州天气
百家号 | 12-18 07:45

中国天气网为您播报：苏州，今天白天多云，最高气温7摄氏度，西北风小于3级；今天夜间多云，最低气温0摄氏度，西北风小于3级。

图10　老师查询的气温

预报，他们等待着降温后，进行第二次实验。

（2）第二次实验

终于降温了，孩子们可以做第二次实验了。“咦，还是没有冰柱，但是却有一个冰球。”“这个冰球可真圆呀。”……冰球的出现带给了孩子们惊喜，他们爱不释手地摸着冰球。

图11　一个冰球

这一次实验没有出现冰柱而是冰球，这又是怎么回事呢？有的孩子说：“水滴是圆形的，所以结出了一个圆圆的冰球。”还有的孩子说：“可能因为温度还不够低。”带着这个疑问我和孩子们一起查阅资料，原来冰柱是在急剧降温的情况下才会形成，对比这两天温差并不大，因此没有形成冰柱。

同时，我们欣赏了许多冰柱，有树枝上的冰柱、屋檐下的冰柱、山崖上的冰柱等，由此进一步加深对冰柱的了解。接着我们还欣赏了散文诗《冬爷爷的胡子》。

3. 自制冰块

好不容易等到降温，孩子们在做第二次实验的同时，还收集了许多材料打算自制冰块。孩子们在小罐子里加入了自然物，东东在盛水的小罐子里插了一个小树枝，他说："我想做一根冰棍。"乐乐找来了几个轻质黏土的塑料罐，她边笑边说："我想看看这些罐子里的水明天能不能都结成冰，有的罐子里面我加满了水，有的罐子里我只加了一半水。我还盖上了其中一个罐子的盖子。"

图12　小雨把颜料加入到水里

小雨在涂鸦区里，把颜料加入了水中，她说她想做彩色的冰块。豆豆找来了大大小小的罐子，他想做大大小小各种形状的冰块。

这一天，孩子们自己做的冰块也成功了。孩子们发现比较大的容器如果装满水就只有表面的水结冰了，就像一个冰盖子盖住了下面的水；如果容器又细又长，瓶里的水四周结冰了，但中间还是水；轻质黏土罐子打开盖子的都结冰了，盖着盖子的没结冰。孩子们通过比较归纳出水能否全部凝结成冰与容器的大小、造型、水量有关。孩子们做的贝壳冰、螃蟹冰都成功了，晶莹

图13　各种形状的冰块

剔透的，孩子们说要把它们带到“超市”游戏里卖。

《指南》中指出:幼儿的科学学习是在探究具体事物和解决实际问题中，尝试发现事物间的异同和联系的过程。幼儿的思维特点是以具体形象思维为主，应注重引导幼儿通过直接感知、亲身体验和实际操作进行科学学习。幼儿在此次探究活动中先后提出了3个猜想，展现了幼儿运用思维进行推测的过程，实地考察和实验验证是幼儿随着探究的深入初步形成的研究方案，通过查询天气对实验做适当的调整。在探究“怪”东西的两次实验和自制冰块的过程中，幼儿经历了提出问题、观察探索、思考猜测、实验验证、得出结论等环节。这些都离不开交流，它既是幼儿对探究过程、结果和结论的表达，也是与同伴分享、倾听同伴意见，或进行讨论、争论，达成初步共识的过程，这需要思维和语言高度参与。

它怎么不见了

1. 室内玩冰发现融化现象

孩子们把自制的冰块带回了教室，他们爱不释手，拿在手里把玩。不一会儿他们发现冰化了，手上、桌上都是水。此刻，孩子看到教室里的温度计上面显示14℃。修哲说:“教室里温度太高了，冰都融化了。”东东说:“我们还是把冰放到外面去吧。”

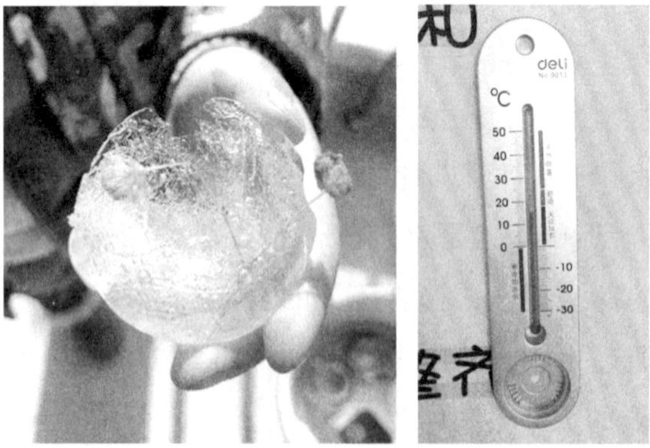

图14　冰化了

2. 户外探索加速冰融化的方法

孩子们来到了户外，此刻温度是2℃。大家发现水池里的冰还没有融化。突然东东打开了水龙头，眼看这水池里水越来越多，冰浸泡在水里。大家着急地说："东东你在干吗？冰都快要融化了。"东东说："我就是要看看水能不能把冰冲化掉。因为我记得我们第一次实验后，水池里的水都结冰了，只有水龙头下的水没有结冰，是个窟窿。我就猜想会不会是水把冰弄化掉的。"东东说完，大家都关注起他手里的冰。"真的是水把冰越冲越小了。"

图15　探索水能不能把冰冲化掉

通过室内外冰的融化现象比较，孩子发现温度越高冰融化得越快，0℃以上水流的冲击能加速冰的融化。孩子们初步感知了水与冰之间的状态转化关系，温度很低时水能结成冰，温度升高时冰又会融化成水。

在探究中认识周围事物和现象。在"它怎么不见了"这个问题的研究中幼儿感知了"融化"这个物理现象。也许在中小学教师看来"水的三态"这个简单的物理现象用一句话就能说明，而幼儿园教师却把它作为一个项目活动，与幼儿一起花这儿多时间来研究。因为，幼儿科学学习并不是以学习科学知识为目标，而是以"探究"为核心，通过科学探究，幼儿经历发现和获取知识的过程，领悟科学的思想观念，通过科学的学习使幼儿形成受益终身的学习态度和能力。

幼儿的观察记录

孩子们在整个探究"冰"的活动中有许多的发现与体验，除了语言交流，我还鼓励他们运用绘画的方式记录下来，并附简短文字说明，让幼儿获得从口头语言向书面语言过渡的经验。这是孩子们的部分日记：我发现冰很容易碎，一掉到草地上就碎了（见图16）；我发现水池里有爱心形和袜子形的碎冰块，我把它们放到草地上，拼出了漂亮的图案（见图17）。

这是一个关于“冰”的故事。大班幼儿觉得“冰柱”很奇怪，对它产生了兴趣。教师抓住了这个契机，与幼儿一起进行了一系列的猜测、实验、探究等活动，由此呈现出了这样的故事。而小班、中班的幼儿对“冰”会有不同的认知，关于冰的活动也会有不同于大班的呈现。在冬季来临之际，我们可以更多地利用大自然和身边有趣的事物让幼儿真真切切地感知、认识冬季，并且多倾听幼儿的声音，开展幼儿感兴趣的活动。

图16　孩子的日记（一）

图17　孩子的日记（二）

幼儿的发展

《冻不住的好奇心》是一个大班幼儿关于冰的探究活动。在这个活动中，幼儿表现出较强的好奇心，有探究的兴趣和愿望。教师陪伴着幼儿一起观察、体验、表达……进行持续、反复的探索，这就是常常被提到的“过程哲学”。那在这个探究过程中，幼儿获得了哪些经验与发展呢？

① 在讨论中幼儿能围绕“冰”这一话题充分调动已有经验进行猜想和假设，尝试制定简单的实验方案。

② 在第一次实验后能根据所观察到的实验结果分析原因，增加实验条件再进行第二次实验，这个过程表现出幼儿的科学精神和态度。

③ 幼儿在发现冰、做冰、玩冰的过程中，感知冰的特征，还发现了气温发生变化时，水的状态也会发生变化，水与冰之间的相互转化。

怀特海有一句话很有名的话：“教育是什么？教育就是当我们所学到的那些东西都忘记之后，所剩下来的那个就是教育的成果。”对这个“怪”东西的探究给幼儿留下的是对“未知”的探究热情，对“怀疑”的实验精神。

教师的感悟

(1) 好奇心是探究活动发生的种子

好奇心能激发幼儿的求知欲，促进幼儿探究学习。幼儿的求知心理需要成人的保护和培养。教师要尊重幼儿的意见，可以通过组织讨论的方式来支持和引导幼儿进行猜想和假设；还可以提供材料、创造条件支持幼儿的探究实验活动，以满足幼儿的求知欲，保护“好奇心”这颗促使探究活动发生的种子。

(2) 信任和支持是探究活动生长的土壤

教师的参与本身就是对幼儿探究活动的信任与支持。当幼儿对冰柱产生疑问时和幼儿一起讨论，认真倾听幼儿表达，分享交流彼此的观察发现，让幼儿从心理上感觉到自己的行为是教师支持与赞赏的。在这样安全的心理氛围中，幼儿的思想和身体更加自由，也让探究活动有了生长的土壤。

(3) 兴趣是探究活动深入、持久的动力

当一项探究活动幼儿和教师都非常感兴趣的时候，教师的热情能进一步维持和提高幼儿探究的积极性。一项有意思的探究活动需要教师和幼儿的共同投入，教师和幼儿都感兴趣、都想去探索，教师陪着幼儿一起做研究，这样的课程内容能让师幼共同沉浸在探究学习的乐趣中，也让探究活动更有动力。

专家点评

《冻不住的好奇心》记录了孩子们在冬月初一与水池里的冰柱相遇后，发生的一系列在教师支持下幼儿持续猜测、实验和探索的故事。

我非常喜欢这个课程故事，因为由题目即可见这个故事真正来源于孩子们的兴趣。相比于不同容器里冰的形状，幼儿显然对水池里长出来的冰柱更感兴趣。水池里长出了冰柱，这一事件作为课程资源，实在是可遇不可求的，错过了或许将永久错过。我很钦佩教师的眼力和童心，能及时捕捉到幼儿的兴趣，并紧紧跟随幼儿的兴趣点，支持幼儿探索。

我喜欢这个课程故事，还因为它重视过程胜于结果。水池里的“怪东西”所蕴含的科学道理其实早已自明，而且用三言两语即可概括，可是花朵幼儿园这位教师却愿意花费几天的时间陪幼儿慢慢探索。显然，在这位教师的心目中，探索过程比科学结果对于幼儿的发展价值更大。在知识爆炸的时代，孩子们应全面提升科学素养，而非简单获得科学知识。只有经历了探索和体验，孩子们获得知识的过程才会伴随着科学能力和科学兴趣的共生共长。这样的课程故事逐渐积累，一定会给孩子们留下深刻的印记，孩子们一定会养成遇到问题主动探索的习惯。

我喜欢这个课程故事，还因为我能感受到教师的共情。教师和幼儿共同对水池里的“怪东西”感兴趣，通过活动探索，教师一定更加理解了水的形态变化的条件。在这个活动中，教师不再仅仅是蜡烛燃烧自己照亮别人的传统形象，而是和幼儿共同沉浸在探索的喜悦和满足之中，自己的知识和精神世界都获得了提升。

这样的活动真好，希望有更多。

（南京师范大学　原晋霞）